JN109931

現代に活きる心理学ライブラリ：困難を希望に変える心理学 II-3

青年心理学

髙橋 一公 編

サイエンス社

監修のことば

　人は好むと好まざるとにかかわらず，一所に留まらない時間と変幻自在な空間の内で確かな自分を築きたいと願いながら，その目的をなかなか手に入れられないでいるかのようである。自分がどのような空間にいるのか，また，自分探しの期限は何時なのかさえ明示されていないあいまいさがある。しかしながら，人生の模範解答があるわけではないからこそ，思いきり試行錯誤し，将来を大胆に描き直すことも可能となる。

　自分の人生をどう描くかは容易なことではないし，描いた人生が最良のものであるかどうかの判定も簡単ではない。ただし，これまでの時間を振り返り，以前よりも経験を積んだ自分が選ぶことには意味があるはず，判断するのに迷うほどの手がかりが多いならば精緻化した判断ができるはず，ととらえることもできよう。案外に根拠のない憶測であったとしても人は自分の経験を否定するほどの大胆さを持っていない。確実なことは，現状以上に「よりよく生きたい」「満足したい」と日々悩みながら判断を重ねていることである。自らを向上させたいとのモチベーションはすべての工夫の源泉となる。

　本ライブラリを企画する趣旨としては，日常の生活の中で誰もが関心を持ち，迷い悩むようなトピックを採りあげる。そして，その思いをきっかけにして人生を見通せるように考え続けていくにはどうすべきなのか，われわれが考え，用いる知識やスキルがいかに相互に関連しているのかについて扱っている。本ライブラリでの学びを通じて，知識やスキルを修得し，人間性を高め，真に社会に役立つ人材へと成長することを目指している。世の中には多くの困難がある。世の動きに対応してその困難の質も高度になってきているようにも思える。本ライブラリは，それを希望に変えていける，世の中に貢献する人を育てることを意図し，この意図のもとに構成している。このような監修者と各巻の著者の意図が多くの読者の方々に理解されることを期待している。

2014 年 10 月

監修者　　大坊郁夫　髙橋一公

は じ め に

　冒頭から不適切かもしれないが，本書の編集に際して一番の大きな課題は，「青年とはいったい何であるのか？」という問いであった。そして，この問いに対する答えはもしかしたら永遠に見つからないのかもしれない，と迷うようになったことかもしれない。これは心理学的な問いというよりも，私自身の青年観に関する問いである。

　「青年心理学」は，「乳幼児心理学」や「高齢者心理学」と同様に生涯発達の段階の一つに焦点を当て，その段階における変化について便宜的に記述するものと考えることが多い。青年心理学の巨人といえる先人たちの多くは，青年期にある特徴について研究し，それを記述することによって多くの理論を完成させてきた。私たちはそれぞれの理論を学ぶことによって，青年を理解したと考えてきた。それらの偉大な理論は私たちに大きな示唆を与え，「青年」の多くの行動を理解するのを助けてくれたのも事実である。

　しかし，当たり前のことだが，それで「青年」のすべてを理解できたわけではない。人間としての基本的な在り方については時代を越えて変化することは少ないのかもしれないが，他の動物には見られない「青年期」の存在を認めるのであるならば，そこには人間特有の発達段階として，社会や環境の影響が最も作用する時期であることも考慮しなければ，「青年」を理解したとは言い難い。

　事実，過去に「青年期」を経験した私たちであっても，今を生きる「青年」と接したときの違和感を生物学的な変化だけから説明することは困難であり，他の発達段階以上に社会的，環境的，時代的要因に目を向けなければならないという現実に直面する。さらに現代のような社会環境の中で，「青年たち」が年配者に対して違和感を持つことも同様であり，彼らが年配者たちをどのよう

にとらえているのかについて知ることも，不安ではあるが不可欠かつ興味深いことでもある。

　本書では5章構成をもって，現代の青年心理についての記述を行った。第1章は「青年心理学の成り立ち」について，「青年」という語の意味やその始まり，歴史などについてコンパクトにまとめた。第2章では「青年期の特徴」として，身体的側面と感情・認知・思考の側面から，第3章では「自己とアイデンティティ」として，青年心理学のトピックをエリクソンなどの研究を通してまとめた。第4章では「青年期の人間関係」について，その基本となる概念から，家庭，学校という生活領域における人間関係の特徴，そして恋愛や結婚，IT化におけるコミュニケーションの変化まで多岐にわたって紹介している。第5章では「青年の社会参加」について，キャリア形成をはじめとして，社会との関わりから価値観の変容までをまとめた。全体を通して，紙幅の都合上，十分に論ずることができなかった部分があることも否定できないが，「青年心理学」のテキストとして現代ならではの問題について言及したつもりである。

　日本では2019年に新元号「令和」が始まり，新しい時代の幕が開いた。人々の価値観は時代とともに変化し，多様性が声高らかに唱えられ，それぞれの個性や志向に合った社会が名目上は訪れたのかもしれない。しかし現実には，その多様性が叫ばれている中で社会的格差は広がり，「青年」についてもその差は広がっている。社会における貧困問題，家庭における虐待や家庭教育，学校におけるいじめや不登校などの問題行動や不適応行動，キャリア形成における課題など青年を取り巻く環境も決して好転しているわけではない。

　だからこそ，あらためて「青年」について学ぶとともに，これから青年期を迎える者たちが希望を持てるような環境づくりを支援できるよう，本書が「青年心理学」を学ぶ者の役割を知ることの一助となれば幸いである。

　最後に本書を上梓するにあたって，サイエンス社編集部清水匡太氏には大変お世話になったことを，心からお礼申し上げたい。

2020年2月　　　　　　　　　　　　　　　　　　　編　者

目　　次

青年心理学の成り立ち

1.1 青年心理学とは

「青年心理学」とは何であるのか？　「青年期の心理学」なのか，それとも「青年のための心理学」であるのか，またその定義はどうなっているのであろうか。一つの例をあげると，白井（2006）は「青年心理学は，青年の心理と行動を記述し，説明し，予測する学問です」と論じている。

「青年」を発達心理学で扱われる発達段階の一つのステージとして，その時期に起こるさまざまな心理学的な現象を取り上げ，理解しようとすることをその目的の中心に置いていることは理解できる。また，心理学の一つの領域として「青年心理学」を独自に立てることは，「青年」の特徴を便宜的に理解しようとする試みであることも理解できる。では，その本質はどこにあるのだろうか？

ここではまず，「青年心理学とは」ということを通して，上記の疑問に方向性を見出していきたい。

1.1.1　対象としての「青年」

1. 青年という「ことば」

「青年」とはいったい何であるのか。その語源や心理学的意味については後に譲るが，そもそもいつ頃から使われていた言葉なのであろうか。

「青年」ということばは，1880（明治13）年に日本で初めてYMCA（Young Men's Christian Association）が設立され，その創設メンバーであった小崎弘道（図1.1）らが "Young men" の訳として創案したといわれることが多い。しかし，1977年の日本YMCA同盟の機関誌には，これは造語ではなく小崎以

図 1.1　**小崎弘道**（1856-1938）

前にも「青年」という語が使われていたこと，例えば幕末の儒者藤田東湖に
よって使われていた事実や，1878（明治 11）年に設立された華族学校（現在
の学習院）の寄宿舎が「青年舎」と名づけられていた事実，福沢諭吉の『学問
のすゝめ』の中でも「青年」が使われていることが紹介されている（加藤・森
下，1989）。いずれにしても YMCA よりも前から使用されていたことは確かで
ある。

　加藤・森下（1989）は「青年」について，「青年ということばは，江戸時代
からの伝統的な習俗を生活の基盤とする『若者』や『若い衆』とは質的に異
なった，若い世代の新しい生き方を志向するものであったことが考察された」
と記している。伝統的な「若い衆」の場合，年が若いということだけでなく，
コミュニティにおける序列を意識したものが含まれることが多いが，「青年」
はそれを越えた価値観の中で生まれてきたと考えられる。

2.　青年期はいつから

　では，「青年期はいつからいつまでなのか」という問題に対しては，どのよ
うに答えればいいのであろうか。さらに，人間以外の動物にも青年期は存在し
ているのか，という疑問にも答えておくことが必要かもしれない。

　人間のように長い青年期を持つ動物は他にはいないといわれている。例えば，
イヌには青年期と呼ばれる時期が 1 ～ 1 歳半頃にあるとするものもある。しか
し，これは人間のように社会的，精神的な成熟を促すための時期としてではな

く，生殖能力を持った初期段階という位置づけのほうが正しいようである。幼体と成体という生殖可能性の分類からすれば，青年期を位置づける必要性は低くなっていく。それに対して人間の場合，第二次性徴によって生殖が可能な能力を有したとしても，直ちに「大人」として認められることはない。心理的・精神的な成熟とともに，社会に適応していくためのさまざまなスキルを習得していくことも求められる。それを乗り越えて初めて「大人」として認められることになる。その要件を満たすための期間が，私たち人間の「**青年期**」ということができる。

　その意味では，「青年期」は第二次性徴という身体的な変化によって始まるといえる。他の動物と同じように，生殖が可能な能力が発現した幼体から成体への変化の兆しが転換点としてとらえられている。それでは，次の「青年期はいつ終わるのか」という疑問に対してはどう答えればよいのであろうか。

　「青年期」の終わりについては諸説さまざまで，22 ～ 23 歳で成人期を迎えるとする一般的な考え方から，30 歳頃までを青年期とする考え方もあるとされる（図 1.2）。年齢的な規定よりも，心身の成熟をもって成人期に移行する，

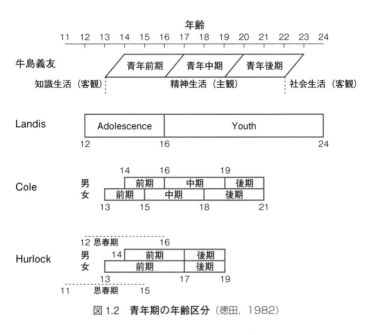

図 1.2　**青年期の年齢区分**（徳田，1982）

言い換えれば自立した他者と対等な存在として認められることで青年期を終了し，成人期へと発達段階を進めていくことになる。

　青年期の期間についての心理学的観点からの考察は，後に譲ることにする。

3. 青年は何を求められるのか

　青年期は生涯発達の視点から考えると一つの段階に過ぎない。しかし，当然のことながら前後の段階と無関係に独立的に存在しているわけではない。生涯の中でも「子どもから大人へ」という最大の転換点にあり，私たちが一人の個人として独立し，自立していく上で避けて通ることができないプロセスともいえる。

　それぞれの発達段階には，乗り越えるべき問題や教育的な観点から示された課題が設定されている。いわゆる発達課題といわれているもので，代表的なものとしてハヴィガースト（Havighurst, R. J.）の発達課題や，エリクソン（Erikson, E. H.）の心理社会的発達理論における心理社会的危機と人生課題（life task）などを見ることができる。

　ハヴィガーストは人生に6つの段階を設定し，それぞれに教育的な視点から身体的な成熟，社会からの要求，個人的価値と抱負という3つの側面から各発達段階で達成すべき6～10の課題を設定している。青年期では，

(1) 同年齢の男女と新しい成熟した関係を結ぶ。

(2) 男性あるいは女性の社会的役割を身につける。

(3) 自分の体格を受け入れ，身体を効率的に使う。

(4) 親や他の大人たちから情緒面で自立する。

(5) 結婚と家庭生活の準備をする。

(6) 職業につく準備をする。

(7) 行動の指針としての価値観や倫理体系を身につける——イデオロギーを発達させる。

(8) 社会的に責任ある行動をとりたいと思い，またそれを実行する。

があげられている。ハヴィガーストの発達課題は当初，1930年代のアメリカの中産階級を意識して作られたものであったようである。

　一方，エリクソンは8つの発達段階を設定している。ここでは，ライフサイ

クルの各段階において達成しなければならない心理社会的危機・人生課題が設定されており，各発達段階においてその課題を順次解決・達成することが健全なパーソナリティの形成に貢献すると，エリクソンは論じている。さらに，課題の解決や達成に困難が生じた場合，その個人に危機的な状況をもたらすとも述べている。

　エリクソンは，「青年期」では「同一性 対 同一性の拡散」という課題の中で「忠誠」という強さが現れてくるとしている。そして，青年期における「自我同一性（アイデンティティ）」という言葉はあまりにも有名だが，「自分とは何者であるのか」「自分はどこに行こうとしているのか」という自らの問に対して，自ら模索していかなければならない時期であると，彼は論じている。急激な身体的変化や認知能力の発達，対人関係の広がりによって，それまで構築してきた自己像を再構築しなければならない課題に直面するのである。

　発達課題に関する研究は，1980 年代以降に再考されるようになった。エルター（Oelter, R., 1986）は個人と環境の相互作用という視点から発達課題をとらえ，発達目標は個人の発達と社会文化的な要請に対応するように設定されるとした。そして生涯を通して変化する課題を理解し，発達目標を設定するには個人と環境の関係を反映するものが必要であるとしている。また，ハイマンズ（Hymans, P. G., 1994）は発達課題が現代の要請に対応するには，単なる発達を記述する視点のみならず規範的な視点を持つこと，個人の行動に注目すること，目標志向性を持つこと，という要請にこたえることが必要だという考え方を示している。

4. 青年とはいったい何であるのか

　徳田（1982）による『青年心理学入門』の冒頭には，コールとホール（Cole, L., & Hall, I. N.）の『青年の心理学（*Psychology of adolescence*）』から次のような文章が引用されている。

　　　「このごろの若者は贅沢になった。礼儀作法を知らないし，目上の人を尊敬せず権威に逆らう。子どもたちも甘やかされている。子どもらは部屋に年配者が入ってきても席を譲ろうとしない。両親に口答えし，来客の前で騒がしくしたり，不作法な食べ方をする。そして先生に対しても横柄で

図1.3　ソクラテス（B.C.469頃〜B.C.399）

　　　ある。」

　そして，この文章が書かれた時代がいつであるのかという問いが添えられている。多少表現に古さを感じるところではあるが，多くの人が最近書かれた文章であると答えるかもしれない。しかし，この文章は驚くべきことに紀元前4世紀のソクラテス（Socrates；図1.3）のものと記されているのである。つまり，どの時代においても，年長者の若者に対する不満や慨嘆は不変的なものであるのかもしれない。

　このように見たとき，「青年」はそれを通過してきたであろう大人たちからも不可解な存在であり，理解できない側面をもっていると考えられる。しかし，大人たち自らの経験からすれば，青年の理解可能な部分を多く有しているはずである。青年期にある若者が時代とともに変化してしまったのか，それとも大人たちが自分たちの青年時代を忘れてしまったのか，その理由は定かではない。また，「青年」の側からすれば，第二次性徴に始まりそれまで経験していない心身の変化に遭遇し，それに対処していかなければならないという不安や困難を抱いている状態にあり，混乱状態にあることを周囲に理解してほしいというサインを示しているのかもしれない。

　いずれにせよ「青年」あるいは「青年期」は「問題の時期（problem age）」と呼ばれ，その困難の多さに対して科学的・体系的にアプローチが試みられ，その問題解決の糸口を見出すことが心理学にも求められていることは事実であ

図 1.4 ローマ近郊におけるゲーテの肖像
(ヨハン・ハインリヒ・ヴィルヘルム・ティシュバイン, 1787)

る。「青年」あるいは「青年期」は子どもから大人への過渡期であることは間違いなく, 他の動物と比べて「青年」あるいは「青年期」が人間に備わった特殊な段階であることも間違いないであろう。そのため, 「青年」という言葉の定義だけでなく, 生物学的・医学的・社会学的・心理学的・教育学的・歴史学的・経済学的などさまざまな側面から, 「青年」について考慮することが必要になる。当然のことながら, 心理学が「青年」理解に対する多くの役割を担っていることを私たちはさらに認識すべきであろう。

　ゲーテ (Goethe, J. W. von ; 図 1.4) 曰く, 「人間は他の人間にたいして, その人格によって, 彼の成し得る一切の影響を與えるのである。青年は青年にたいして最も強く働きかける。そうしてそこにはもっとも純粋な効果が生じるのである。」(ゲーテ『詩と真実』小牧訳 1950)。

1.1.2 青年心理学の研究法

1. 心理学としての青年研究

　青年心理学の研究は, 心理学全般に共通する方法で行われている。何に対して問題を感じるのかという素朴な疑問に始まり, それを検証していくための方法を検討し, さまざまな質のデータを収集し, 分析することによって結果・結論を導き出すという仮説演繹的なアプローチが多くとられていることが, よく知られている。以下に, その研究方法について整理してみる。

2. 何に対する研究か

図1.5　**青年研究の水準**（白井，2006）

　青年期に対する研究の「問い」は，①青年期は他の発達段階と比較してどのような特徴を持っているのか，②現代の青年は過去と比較してどのような特徴を持っているのか，③個々の青年が持つ特徴についてどうとらえるか，という3つの視座があると考えられている。西平（1997）はこの3つをそれぞれ，「青年性の視座」「世代性の視座」「個別性の視座」と表現し，青年研究における要点としてとらえ，これら視座の区別が明確でない研究は，生きた現実の青年をとらえていないとも記している。

　また西平と同様に，白井（2006）は青年心理学の目的として，①青年を理解するための知識や方法，技術を提供すること，②世代間の理解と交流を促すための知識や方法を提供すること，③青年を対象とする学問分野や実践領域の間での対話や交流を促進するための枠組みを提供すること，の3つをあげている。

　白井が論じているように，「青年心理学」という枠組みを考えた場合，研究の水準として3つのレベルを想定している（図1.5）。そこでは，青年の心理と行動の記述と説明，予測という科学的研究としての目的を有していることは明らかである。

3. どのようなアプローチを用いるのか

　心理学研究における方法は，2つの軸から考えることが必要である。まずは，量的研究と質的研究という，対象とするデータの質やデータ収集方法に見られ

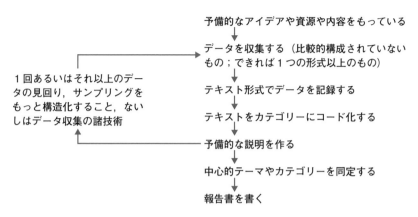

図 1.6 **質的研究のプロセス** (Orford, 1992)

る分類軸である。量的研究は，個人が持つ特徴よりも全体的な傾向や法則性に興味を持ち，その分析や理論としての構築に関心を持つ研究方法といえる。それに対して質的研究は，個人内の変動や変化に興味を持ち，そのプロセスに関心を持つ研究方法である。

　一般的に量的研究では，実験や調査などで得られた量的データを用いた計量的な分析が好まれる。それに対して質的研究では，面接や観察などによって収集された質的データを用いて，変化の事実やその解釈を試みることが多い（図1.6）。どちらが優れているということではなく，研究の目的に応じて必要な研究方法を選択することが重要である。

　もう一つは，横断的研究と縦断的研究に示される，時間軸から見たデータ収集方法による分類である。横断的研究とはある測定時に存在する異なった対象からデータを収集する方法で，例えば異なる年齢の対象者に同じ課題を与えることによって，年齢という要因の影響を検討しようとするものである。この方法はデータを効率的に収集することには優れているが，対象者の生まれ育った時代背景や環境の要因の影響を受けてしまう可能性を否定できないという課題も指摘されている（コーホートの問題）。

　縦断的研究は同じ対象者を一定期間追いかけ，時間的変化における影響をより明らかにしようとする方法である。つまり，個人の変化を長期間追跡するこ

とによってデータを収集する方法である。例えば，同じ対象者に対して数年間にわたりある測定を繰り返すことによって，加齢による影響を明らかにする場合がこれに当たる。しかし，時間や研究コストがかさむという問題とともに，対象者の研究に対する協力姿勢が結果に反映してしまうなどの課題も抱えている。

4. どのようにデータを集めるか

　青年心理学においても，データ収集方法は他の心理学領域と変わるものではない。また，1つの方法で研究目的がすべて達成されるものではない。

　以下，代表的な研究法について記す。

(1) 観 察 法

　観察法は経験科学における基本的な研究法であり，研究対象を研究者が知覚を通して直接とらえていく方法である。現象と観察者の直接性という，他の方法には見られない特徴を持つ。観察法は自然的観察法と実験的観察法に大別される。

(2) 面 接 法

　面接法は言語を介して，面接者と被面接者が1対1あるいは少人数で対面してデータを得る方法である。面接時の発話や行動がデータとして活用され，被面接者の理解と問題解決のためのアプローチを行う。

(3) 実 験 法

　研究者が観察場面に何らかの人的統制を加えて，観察すべき反応を事前に明細化した上で観察を行うのが**実験法**である。実験法は観察法の延長上にある。

(4) 調 査 法

　調査法は，必ず言語を用いて行われる研究法である。対象者が研究者の問いに答えるという形式でデータの収集が行われる。調査法は，人間の内面意識に関する事柄を客観的に知ることができる科学的研究法でもある。

(5) 検 査 法

　検査法はすでに標準化された手続きや測定尺度を利用した方法であり，客観的なデータ収集が可能である。そのため教育の中でもよく利用され，学力をはじめ知能，パーソナリティなどの個人の特徴を量的に表現できるため，評価の

手段としても重要視される。

(6) 事 例 研 究

事例研究は，特定の事例を通して問題点を把握し，対象事象の原因，その対処法などを多面的に究明しようとする方法である。また，対象者の生育歴や家庭環境，交友関係などさまざまなデータの分析を通して問題行動等の解決が試みられている。

なお，教育における「実験」のとらえ方については特に注意が必要である。児童・生徒の尊厳を傷つけるような行為はあってはならない。

5. どのように分析するのか

前述したように，データの分析方法はそのデータの質によって決定される。量的データの場合，統計学に基づく分析が中心となる。平均や標準偏差という基本的な記述統計に始まり，推測統計を用いた検証，多変量解析による構造の分析など，その手法は多岐にわたる。大量のデータを扱う高度な分析では，コンピュータ上で統計パッケージを用いて行うことが一般的になっている。

面接記録や調査における自由記述のような質的データでは，データ整理法として **KJ 法**が用いられたり，新たに概念を導こうとする場合には**グラウンデッド・セオリー・アプローチ**（Grounded Theory Approach: GTA）が用いられたりする。質的データの個別の分析として，対象者の語りをそのまますくい取ることで人々の生きる現実をとらえていこうとする**ナラティブ・アプローチ**をあげることができる。

1.2　青年期という発達段階

青年心理学では，対象としての「青年」と青年である「時期」に焦点を当てることが多い。ここではまず，その「青年期」に焦点を当て，「青年期」が設定されている意味を考えるとともに，発達段階としての「青年期」とその前後の段階についても言及することとする。

1.2.1　発達段階論

1. 発達段階論の意味

　誕生から死に至る人間の一生は常に連続した過程であり，それぞれの段階に分けて発達の変化を記述し理解することは必ずしも本質的とはいえない。しかし，私たちの発達現象を理解するためには便宜的に発達段階を設定し，それぞれの時期に特有な量的・質的な変化をとらえることが不可欠である。その発達段階のとらえ方は発達のどの側面に焦点を当てるかによって異なり，多くの発達段階が提唱されている。

　発達段階を設定する視点から分類すると，以下の 4 つをあげることができる（図 1.7）。

(1) シュトラッツ（Stratz, C. H.）に代表されるような身体的発達を基準としたもの。

(2) ピアジェ（Piaget, J.）の知的発達や阪本一郎の読書傾向など，特定の精神機能の発達を基準としたもの。

(3) 牛島義友などの精神構造の変化に着目したもの。

(4) 学校教育制度や社会制度に対応した社会的習慣に基づく一般的な発達段階の区分。

　過去の発達段階論は青年期までの設定が多く，成人期以降の段階については触れられていない。多くの段階論の興味は人間発達の上昇のプロセスであり，成人期以降の下降のプロセスについては発達的変化のテンポが緩やかになり劇的変化の記述に乏しくなるなどの研究上の課題も加わり，設定するまでに至らなかったようである。

2. 発達段階の一般的区分

　一般的には，乳児期・幼児期・児童期（学童期）・青年期・成人期（成人前期）・中年期（壮年期）・老年期（高齢期）などの名称が用いられている（表 1.1）。

　発達段階における青年期までの区分特徴は，おおよそ身体的変化や機能的な変化によって規定されることが多いが，身体的・機能的要因だけで決定されるわけではなく，生理的成熟との関係が重視される。しかし，青年期の終了以降

区分の観点	研究者	0	1	2	3	4	5	6	7	8	9	10	11	12	13	14	15	16	17	18	19	20
身体発達	Stratz, C. H. (1922)	乳児期		第一充実期		第一伸長期			第二充実期(男)				第二伸長期(男)				第三			6)		成熟期
									(女)				(女)			第三			7)		成熟期	
	Cole, L. (1922)	乳児期			児童前期				児童中期(男)					児童後期(男)		青年前期(男)		青年中期(男)				
									(女)				児童後期(女)		青年前期(女)		青年中期(女)				青年後期	
特定の精神機能	松本亦太郎 (用箸運動)			幼児期				児童期					青年期									
	楢崎浅太郎 (握力)			幼児期				児童期				少年期			青年前期					青年後期		
	阪本一郎 (読書興味)				昔話期			寓話期		童話期		物語期			思想期							
											文学期											
	Piaget, J. (物活論的世界観) (思考)	感覚運動		前概念期		直観的思考			具体的操作期				形式操作期									
						第一期 1)	第二期 2)	第三期 3)				第四期 4)										
	Sears, R. R. (動機づけ)	基礎的行動の段階		二次的動機づけの段階																		
		家族中心の学習							家族外の学習													
	Maier, N. R. F. (対人関係)	一次的依存の確立		自己看護の確立			意味のある二次的関係の確立			二次的依存の確立			依存と独立のバランスの達成									
	Nowogrodzki, T. (唯物論)	幼児期			就学前期			学童期								成熟期				青年期		
精神構造の変化	Stern, E. (1923)（人物）	乳児期		未分化融合期					分化統一期				成熟前期			分化統一期						
	Kroh, O. (1928)	幼児期			第一反抗期			児童期						第二反抗期		成熟期						
	Bühler, Ch. (1937) (自我の性格)	第一期 客観の時期		第二期 主観化の時期				第三期 客観化の時期				第四期 主観化の時期				第五期 客観化の時期						
	牛島義友 (1941)	身辺生活時代					想像生活時代					知識生活時代					精神生活時代					
	武政太郎 (1955)	乳児期		幼児期				児童期						青年期								
	Freud, S. (リビドーの発達)	口唇期	肛門期			生殖期初期			潜伏期				生殖期後期									
	Erikson, E. H. (葛藤解決の発達)	信頼不信	自立疑惑			自発性罪			勤勉劣等				自我同一性 自我同一性拡散					親密孤独			世代性5) 自己陶酔		
社会的習慣	Meumann, E. (1913)	児童期												少年期					青年期			
														少女期		処女期						
	Spranger, E. (1924)				児童期					中間期	少年少女期			中間期			成熟期 (男)					
																	(女)					
	Goodenough, F. L. (1945)	言語前期		幼児期			幼稚園期		児童期(男)				青年期									
									(女)													
	Hurlock, E. B. (1924)	新生児 乳児期		児童前期				児童後期(男)					思春期			青年期						
								(女)														
	青木誠四郎	新生児 乳児期		幼児期				児童期(男)					青年期									
								(女)														
	文部省教育心理 (1945)	乳児期		幼児期				児童期						青年期								

注 1) 万物に意識ありとする時期
　2) 動く物すべてに意識ありとする時期
　3) 自力で動く物には意識ありとする時期
　4) 動物だけに意識ありとする時期
　5) 第 7 期（成人期）では，生産性 VS 自己吸収というものもある。
　　 第 8 期（成熟期）では，自我統合（完全性）VS 絶望（嫌悪・願望）
　　 なお，第 7 期以前は上・下が対立
　6) 充実期（男）
　7) 充実期（女）

図 1.7　発達段階の区分（高野・林，1977）

表 1.1　一般的な発達段階

発達段階	段階区分の目安	大体の年齢[注]
胎児期	受精～出産	
乳児期	～歩行し始める，言語を使用し始める	誕生～1歳頃
幼児期	～運動・言葉の基礎の完成，一応自由に使えるようになる	1歳頃～6歳頃まで
児童期	～第二次性徴が現れ始める	6～11，12歳
青年期	～生理的成熟と心理社会的諸機能の一応の完成を見る	12～22，23歳頃まで
成人期	～家庭生活，職業生活の一応の安定を達成する	22，23歳頃～40歳頃まで
中年期・壮年期	～社会の中核を担うとともに，次世代の教育を担い一線を退く準備をする	40歳頃～65歳まで
老年期	～自分の生涯を振り返る。死の受容	65歳以降～

注）年齢区分に関しては諸説あり，おおよその年齢で表示

表 1.2　青年期の区分（井上・柏木・古沢，1975）

研究者	区分の時期および基準・特色など			
桂　広介	13～15歳 青年前期	16～18歳 青年中期	19～22歳 青年後期	
	児童から青年への発達過程	青年の世界への適応	青年の世界を脱して大人の世界に同化し加わっていく過程	
都留　宏	男12～13歳 女11～12歳		20～25歳	
	思春期的発育とそれに伴う心理・人格的変化		成熟（身体的・社会的・人格的）が完了する	
牛島義友	13，4～15，6歳	16，7～19歳	20～20歳	成人
	客観的知識の否定	主観的精神世界に没頭	客観的社会生活への移行	
	―――――――――精神生活時代―――――――――			社会生活時代
依田　新	12～14歳	内界の獲得時代	21～24歳	
	一連の生理的変化		疾風怒濤は静まり生活方針，世界観が確立される	

の発達のプロセスでは，社会的な役割や他者との関係によって区分される傾向が強くなる。そのような意味では「青年期」は生理的な現象である第二次性徴によって始まり，社会における自我同一性の確立に示されるような心理社会的な変化によって次の段階に移行するという特殊な段階ということができる（**表1.2**）。

3. 青年期の発達課題

先述のとおり，発達課題を論じた代表的なものとして，ハヴィガースト（Havighurst, R. J., 1953）の理論がある。ハヴィガーストの理論においても，各段階に独立して発達課題が設定されているのではなく，前後の段階と関係して課題が設定されている。前の段階での課題達成が次の段階の課題達成の基礎となり，その段階での課題達成に失敗した場合は，次の段階での課題達成が困難になることも示唆している。

1.2.2 青 年 期

1. 青年期とは

青年期を英語では「adolescence」と言う。その語源は，ラテン語で「成長する（grow up）」を意味する「adolescere」という動詞から派生した「adolescentia」に由来している。その語の示す通り，青年期はまさに成長する時期を指すといえよう。一方，その過去分詞定形「adultus」は，すでに成長したという意味になるが，これが「adult」すなわち大人の語源となっている（Chantrell（Ed.），澤田監訳 2015）。語源から考えると，成長段階にあるのが青年期であり，成長が終わっているのが大人ということになる。しかし，この語の示すように，大人は成長が終わっていると考えてよいかどうかは，また別の問題であろう。

さて，この「成長している」青年期というのはいったいどのような意味を持つ時期なのだろうか。青年期は「第二次性徴の発現・自我の目覚め・自立を求めることから始まり，子どもから大人への成長と移行の時期」であり（白井・都筑・森，2002），それは自らの人生への探求の時期，すなわち職業の選択・配偶者の選択という2大選択の時期となる。そのことから青年期とは，子ども

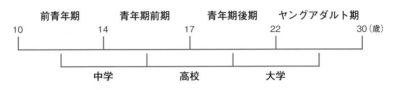

図 1.8　**日本における青年期の区分**（笠原，1976；白井，2006）

から大人へと向かう身体の変化および内面的な変化の過程で「自分」というものと向き合い，自らの将来を探っていく時期といえよう。

　青年期の年齢区分は一定したものではなく，時代によって変化していく。現在の年齢区分では「前青年期：10 〜 14 歳，青年期前期：〜 17 歳，青年期後期：〜 22 歳，ヤングアダルト期：〜 30 歳」となっている（白井，2006；図 1.8）。すなわち第二次性徴が始まってから中学生にあたる時期が前青年期，高校生にあたる時期が青年期前期，大学生にあたる時期が青年期後期となっており，さらにその後の 30 歳までの時期がヤングアダルト期として青年期に含まれている。このように現在では青年期は長い期間となっている。それは，以前に比べ第二次性徴時期が低年齢化し，さらに年齢的には成人となった後でもさまざまな理由で独立しない若者が増えていることから，青年期はヤングアダルト期を含めた長い期間を指すようになっているのである（このことについては第 2 章で触れる）。

2.　青年期と社会

　「青年」が社会からどのように位置づけられているかについて，「若者」という語との比較において考察されているものがある。溝上（2010）は，「まず，『若者』『若者期』は，一人前の大人にポジショニングして，それより一人前でないものを見下ろして用いられる言葉だといえる」とし，それに対して「青年」は，「若者にポジショニングして，そこから大人に向かって成長していくプロセスを強調する言葉だといえる」としている。このように，どこに視点を置くかによって「若者」と「青年」の違いを明らかにしている。

　レヴィン（Lewin, K. Z.）は，子どもから大人への狭間として青年期にいる者たちを「周辺人（marginal man）」と呼んで，子どもでもなく，大人でもな

いという青年期特有の葛藤について論じている。言い換えれば，大人は大人の集団を持ち子どもは子どもの集団を持つという前提で，レヴィンは論じているといえる。

　社会環境は時代とともに変化しているが，「青年」に対する社会からの眼差しもそれに応じて変化している。産業革命が「若者」から「青年」への移行に影響を与えたことは否定できないであろう。産業革命が人間にとって第2の波として青年期を生んだとするならば，1980年代に登場した情報革命といわれる「第3の波」によって，「青年」のとらえ方がさらに変化しているのかもしれない。

1.2.3　思春期と青年期

1. 児童期から第二次性徴へ

　児童期（学童期）とは，小学校入学（就学）の頃から第二次性徴を迎える頃までを指している。児童期の身体的特徴としては，幼児体型から子どもの体型への変化が見られる。身体が細長化し，基本的運動能力を発達させ，巧みさや器用さといったスキルも身につけていく。また，思考については具体的な状況において問題解決が可能になるといった知的能力の向上が現れてくる。

　児童期の終わりに第二次性徴としてまずは身体的変化が発現する。一般的に女児のほうが発現が早く，平均初潮年齢は12.23歳（標準偏差1.28歳）である（近年は12.2カ月ほどで推移している（日野林，2013））。また日野林（1986）は，男児の精通現象は女児の初潮年齢と比較して1年半ほど遅く，14歳前後としている。両者の現象は一概に比較できるものではないが，この結果は女児のほうが早く思春期に移行することを裏づける資料としてとらえることが可能である。

2. 思春期における変化の意味

　思春期（puberty）は，「成人になる年齢」という生物学的な意味を持っている。しかし人間の場合，思春期を迎えることで「成人」になったということはできない。思春期については白井（2006）が論じているように，前青年期と重なって10〜14歳頃までを指しているという考え方がある。またビューラー

（Bühler, C.）が示しているように，否定的傾向の強い前期を「思春期」，肯定的傾向の強い後期を「青年期」とし，その境界を17歳とする考え方も一般的である。

　思春期は，第二次性徴の発現（男児の精子形成と女児の初潮）から始まる生殖能力を獲得する一連の複雑な生理学的変化の時期を指し，この思春期の身体的な成熟に対する心的な適応が青年期と呼ばれる（山内，2008）。すなわち青年期は，第二次性徴時期における性的な成熟・男女差の増大，さらに身体の急激な成長（思春期の発育スパート；2.1.1参照）といった，いわば個人にとって目に見える身体の変化とともに，内面の生理的変化を遂げる激動の時期である。そしてそれらの変化に伴って社会的位置づけも変化してくる。そのような変化は，成長していく過程において心理的に大きな問題を抱える可能性が増大する時期といえよう。

3. ヒトに特異的な青年期

　進化生物学から見たヒトの生活史にとって，他の類人猿と大きく異なるのは「子ども期」（発達心理学でいう「幼児期」に該当する時期）と「青年期」の存在である（図1.9）。他の類人猿の生活史を見ると「乳児期」は母乳期，「少年期」は大人と同じ食事をとる時期，「成年期」は子どもを作る能力を有する時期，「老年期」は繁殖を終えてから後の時期となっている（ヒトはこの老年期

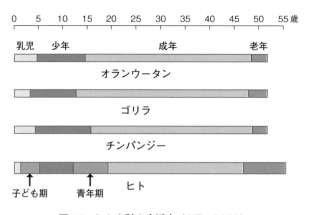

図1.9　ヒト上科の生活史（山極，2008）

が長くなってきている）。それに比べ，ヒトでは少年期の前に「子ども期」（離乳しても大人の食事が食べられない時期），「青年期」（身体が成熟しているのに繁殖に参加できない時期）がある。この青年期があることの意味は，なるべく大人との競合を避けるためである，という説がある。ヒトでは，身体が成熟してくる第二次性徴期から大人社会に参入するまでのこの青年期に，大人としっかり競合できるように成長する必要がある。複雑化し，高度に発達したヒトの大人社会に適応するためには必要な時期であるといえる（山極，2008）。

1.2.4　青年期から成年期へ

1. 大人になるとはどういうことか

　青年期から，大人になるとはいったいどういうことなのだろうか。西平（1990）は，それを心理的離乳の過程として第1次から第3次の3つの時期に分けて位置づけている。第1次は思春期の課題としての親からの離脱，第2次は青年期後期の課題としての自立性の獲得，第3次を本来の自分らしい生き方の確立とし，このようにして心理的離乳が完了するとしている。西平は〈成人（おとな）になる〉過程としてその課題を段階的に示したが，ここでは大人（おとな）になることは成年（成人年齢）となることを意味しない。成年はその基準が，法律上（例：日本では20歳から18歳に引き下げられることが検討されている）・共同体での能力・生殖能力等の社会的要因により規定され，個人の成育史とは異なる次元の関与によるところが大きいためである。

2. 自律と自立

　前述のように，心理的離乳は，親からの離脱を果たして自立性を獲得し，自分らしい生き方を確立することで完了する。では，この自立とはどういうことであろうか。

　自立には本来2つの意味がある。それは**自律**（autonomy）と**自立**（independence）であり，一般的には，両者を合わせて「自立」という。自律とは，親が決めた規則に従うのではなく自分なりの基準で意思決定することであり，自立とは，自分なりの見通しを持って，人生を自分で切り開いていくことを意味する（白井他，2002）。心理的離乳は，自立することが大きな鍵となるが，こ

こでいう「自立」は，子どもが単に親から離れた状態ではなく，子どもという立場ながら，心理的に親と対等になった状態である。すなわち親との距離は大きくなるかもしれないが，それは「依存」（dependence）状態ではなくなることを意味する。また距離が生じることは，親との関係を結べない「孤立」とは異なるので注意が必要である。自立することは，決して孤立することではないのである。

3. 学校から社会への移行

「大人になる」ための要件として，職業生活への参加をあげることができる（詳しくは第5章参照）。「一人前の大人になる」という言葉をよく耳にするが，ではこの「一人前」とはどういう意味であろうか。『日本大百科全書（スーパー・ニッポニカ）』によれば，古来，村落社会では，

　　　「男は田打ちならば1反（10アール），物を背負う力では四斗俵1俵（約60キログラム），女は男の半人前から7，8分で，田植ならば7畝（7アール），機織りでは1反（鯨尺で約8.5メートル）といった具合であった。」
　　　（竹田，2004）

とされ，労働力としての客観的基準を当てはめて「一人前」とされていたようである。要するに大人になるためには，労働力として十分な担い手であることが求められていたことになる。

近年，「一人前」の意味するところは変化し，労働力としての体力は昔ほどは求められなくなり，男性が60キログラムの米俵を担ぐことができなくとも，「一人前」として認められるようになってきている。現代社会で求められる「一人前」，言い換えれば社会で自立した生活を送るための条件，あるいは社会の中で求められる資質を示しているものの一つに，「キャリア発達」における「基礎的・汎用的能力」をあげることができる。

平成23（2011）年，中央教育審議会の「今後の学校におけるキャリア教育・職業教育の在り方について（答申）」で示された4つの「基礎的・汎用的能力」は以下の通りである（中央教育審議会，2011）。

(1) 人間関係形成・社会形成能力

多様な他者の考えや立場を理解し，相手の意見を聴いて自分の考えを正確に

伝えることができるとともに，自分の置かれている状況を受け止め，役割を果たしつつ他者と協力・協働して社会に参画し，今後の社会を積極的に形成することができる力。

(2) 自己理解・自己管理能力

自分が「できること」「意義を感じること」「したいこと」について，社会との相互関係を保ちつつ，今後の自分自身の可能性を含めた肯定的な理解に基づき主体的に行動すると同時に，自らの思考や感情を律し，かつ，今後の成長のために進んで学ぼうとする力。

(3) 課題対応能力

仕事をする上での様々な課題を発見・分析し，適切な計画を立ててその課題を処理し，解決することができる力。

(4) キャリアプランニング能力

「働くこと」の意義を理解し，自らが果たすべき様々な立場や役割との関連を踏まえて「働くこと」を位置付け，多様な生き方に関する様々な情報を適切に取捨選択・活用しながら，自ら主体的に判断してキャリアを形成していく力。

これらの「基礎的・汎用的能力」は，ある意味「一人前になる」「大人になる」という言葉に代えて，学校で養い「社会」へ移行する条件として示されたものと考えることができる。

1.3 青年期の歴史

「青年」に関するとらえ方は，時代によって変化してきた。中世では青年という概念は存在せず，近世の産業革命まで待たなければならなかった。日本においても，近世までは現代とは異なる見方がされていた。心理学では，20世紀に入りホール（Hall, G. S.）によって「青年心理学」が芽生えた。日本でも元良勇次郎によってホールの『青年期』が『青年期の研究』として翻訳されることによって，現代につながる心理学の領域として認知されていく。

1.3.1　青年期の誕生

　青年期という時期は人類の歴史の始めからあったわけではなく，平均寿命が
延びてから誕生した。中世以前の平均寿命は20歳代と短かったことから，当
時は子どもの次はすぐに大人の世界であった。

　さらに，中世では「子ども」という概念は存在していなかったといわれる。
それは子どもの存在を認めないのではなく，「子ども」と「大人」が分けられ
ず，子どもに対して現代とは異なった考え方がされていたようである。つまり，
「皇帝一家の肖像（The Imperial Family）」という絵画（図1.10）に示されてい
るように，子どもは「小さな大人」，すなわち大人を小さくしたものであると
見なされていた（例えば絵の中で子どもと思われる人物が大人と同じような頭
身比率で描写されている）。その理由の一つに当時の子どもの死亡率が高く子
ども自体への関心が薄かったという事情もあり，いつ死んでしまうかわからな
い子どもに対する配慮は現在とは異なっていたとは言わざるを得ない。

　寿命が延び始めたのは産業革命の前からであり，その後100年以上平均寿命
は緩慢で不規則な延びを続けてきた。その理由として，生活水準，公衆衛生，
個人の衛生観念，医療の向上などがあげられる。さらに20世紀前半になると，
先進国の平均寿命は，乳幼児死亡率の低下によって極めて急速に延びた。しか
し，1950年以降，平均寿命の延びは若干緩やかなものとなった。この原因は

図1.10　**皇帝一家の肖像**（マルティン・ファン・マイテンス，1775）

若年死亡率の低下によるものである（ウィルモス，石井訳 2010）。このように，1870 年頃から 1900 年頃にかけて「青年期」が認められ，平均寿命が延びさらに若年死亡率の低下により，ようやく 20 世紀になって「青年期」というものの誕生を迎えることになる。

1.3.2　ヨーロッパの青年期の歴史

　ギリス（Gillis, J. R.）は『〈若者〉の社会史――ヨーロッパにおける家族と年齢集団の変貌』を著し，大人の諸制度の歴史と関連するものの，ヨーロッパにおいて独自の若者の歴史が作られていることを明らかにした（Gillis, 1981 北本訳 1985）。

　ギリスによると，工業化以前には青年期という概念はなく，結婚と相続が最も重要な社会的境界線であったため，未婚の財産を持たない男性は boys と呼ばれ，子ども期と成人期の中間的段階は認められていなかった。その後産業革命（1770 年代〜）が起こり，封建制度によって土地に縛られていた人々が解き放たれ，工業化に伴い人々は都市へと流入し，その都市化した社会において労働者階級が生まれたことにより独自の若者文化が発達した。すなわち資本主義の発達に併せ，国民国家の形成が進展する時期に青年（若者）が誕生したのである。

　ギリスによる青年期誕生の主な要点は，以下の 3 点である（浅野，2012）。①就業するまでの時期が延びることで，大人の社会に組み込まれない若者が出現した，②若者文化が中産階級の文化の浸透により均質化した，③軍事的・産業的合理性へと適合的な身体を形成しようとする関心によって若者の身体が取り囲まれるようになった。このようにして誕生した青年は，やがて職業・結婚（家族）・居住地域選択の自由を獲得していくこととなる。

1.3.3　日本の青年期の歴史

1. 若者の歴史

　田嶋（2016）によると，日本では前近代までは人生は子ども期と大人期に大きく二区分されていたが，近代に入ってから青年期の区分ができてきた。前近

代では，男子が成人となるのは15歳頃の元服式で，それを境として子どもか
ら成人への地位変化を示すものであった。女子の場合は，12～13歳頃（第二
次性徴の頃）の髪上げなどの髪型の変化が成女のしるしとされていた。それぞれ
の都合の中で，その儀式を境に成人の社会へと入ることとなった。

　近世では，10代半ばになると男子は若者組に参加することとなり，集団の
中での自己生成に中心が置かれる時期に入る。「若者組」では，若者宿で合宿
生活を行い，心身の鍛錬，技術，性をめぐる一般的なしつけが行われた。また
女子においては，苧積宿・糸挽宿と呼ばれる夜なべ仕事の共同作業場が作られ，
集団生活を通して結婚するために必要な知識・技術のしつけが行われた（田嶋，
2016）。これらは「娘組」「女組」「女子若衆」などとも呼ばれていたが，集落
における役割は「若者組」よりも軽かったといわれる。

　この若者と呼ばれる時期は今日の青年期と年齢的には重なるが，若者たちは
早くから共同体における「集団的アイデンティティ」を獲得しており，自分と
は何かと内省し悩む必要はなく，「アイデンティティの混乱」の問題に直面す
ることはなかったと考えられる（田嶋，2016；アイデンティティに関しては第
3章参照）。

2. 青年期の誕生

　18世紀に入ると，耕地面積の増加，小農の自立に伴い，乳幼児死亡率が低
下するとともに，社会情勢の変化により青年期が誕生する。それまでのような
前近代的な共同体が崩壊し，新しい社会の構築に伴って，子ども期と大人期の
移行期にいる人々が青年と呼ばれるようになった。日本において「青年」とい
う言葉が一般的に用いられるようになったのは，1880（明治13）年にYMCA
（Young Men's Christian Association）が「基督教青年会」と訳されたことから
始まっているといわれる（田嶋，2016）。しかし，青年という語に関してはそ
れ以前から使われていたことも確認されている（1.1.1参照）。

　国家主導により近代化が進むにつれ，明治末期から大正時代にかけて若者組
は青年団へと変化した。教育期間の拡大により，青年期が確立されていったが，
それは一部の恵まれた人々だけのものであった（図1.11）。激しい進学競争に
勝ち抜き，エリートとなった者は，高等教育機関在学中は青春を謳歌すること

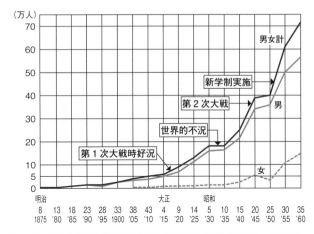

図 1.11　我が国の高等教育機関在学者数の推移（文部省，1962）

ができた。さらに，戦後には，長い青年期を持つ恵まれた青年層と，短い青年期を持つ生計のために働く青年層の，2つの青年期が存在するという二重構造が現れるようになる（田嶋，2016）。

　現代では，教育期間の長期化によって青年期の大衆化の時代となっており，個人が自分らしい生き方を探求することができるようになった。しかし，教育の長期化により，青年は大人によって扶養される従属的な位置に置かれることとなる。このようにして囲い込まれることで社会との関わりは減退し，大人になることの困難さを生み出している。この青年の困難を象徴するものとして流行語をあげることができる（表1.3）。そこには戦後日本における青年問題の変遷を見ることができる。

1.3.4　青年心理学の成立と主な研究者

　青年期という新たな時期が誕生したことにより，青年期の概念をめぐるさまざまな研究が行われ，青年期の特徴が論じられてきた。20世紀になると青年心理学の領域が確立されるとともに，さまざまな理論と研究者が現れることになる。主な研究者とその功績を以下に示した。

表1.3 **戦後日本における青年問題の変遷**（白井，2006 を一部改変）

【1945～50年代：敗戦後の混乱から高度経済成長へ】
アプレ・ゲール，『きけわだつみのこえ』，貧困による長欠児，太陽族，カミナリ族，集団就職
【1960年代：高度成長の矛盾の露呈と世代の断絶】
睡眠薬遊び，耐久消費財ブーム，女子学生亡国論，みゆき族，学生運動，受験戦争，三無主義，シンナー遊び
【1970年代：大衆的青年期の成立と挫折】
乱塾時代，未婚の母，やさしさ世代，モラトリアム人間，大量留年，「遊び」型非行，暴走族，共通一次試験
【1980年代：高度消費社会の進行と教育・家族病理の噴出】
家庭内暴力，校内暴力，いじめ，ホームレス襲撃事件，10代の妊娠中絶，新人類，ブランド指向，ファミコン，おたく
【1990年代：メディア社会の浸透と「自分さがし」の時代】
ブルセラ，援助交際，ピアス，ポケベル，ケータイ，オヤジ狩り，神戸連続児童殺傷事件，オウム，ボランティア
【2000年代：企業社会の揺らぎと大人への移行の困難】
フリーター，ニート，社会的ひきこもり，できちゃった結婚，パラサイトシングル

1. ホール（Hall, G. S.；図1.12）

　青年心理学の成立において，「青年期研究の父」といわれるホールの存在を外すことはできない。生涯発達研究に寄与した彼の代表作に『青年期——その心理学，および生理学，人類学，社会学，性，犯罪，宗教，教育との関連について』（Hall, 1904）が知られている。この『青年期（*Adolescence*)』において，彼は実証的データにより，当時の資本主義が生み出した青年問題に対する青年心理の理論化を試みている。彼自身は青年期に特化した形で研究を行っていたわけではなく，乳幼児期，児童前期，児童後期，青年期，成人期の5つの発達段階を設け，その各段階の記述と望ましい教育の概要について論じている。また，1922年には『老年期』を発刊するなど生涯発達心理学のパイオニア的な存在でもあった。

　西平・久世（1988）によると，ホールは著書『青年期』（1904）において，青年期を「疾風怒濤」の時期ととらえている。すなわち，青年期は，多感で熱狂的・感情の起伏が多く，世界が奇妙で新しく見える年代であり，性格と人格は発展途上にあるが，すべてがまだ可塑的な時期であると述べている。

　ホールはまた，進化論の個体発生は系統発生を繰り返すとする反復説によっ

図1.12　ホール（1844-1924）

て青年期を説明している。彼は，青年期をゲーテ（Goethe, J. W. von）やシ
ラー（Schiller, F.）の表現を借りて「疾風怒濤」の時代としたが，文学作品と
心理学的視点における青年像の間に相いれないものを感じていたようである。
そして，彼は青年期を「矛盾と気分の動揺に満ちた時代」とも呼び，苦悩や反
抗は通過すべき必然的なものという考え方を持っていた。

　ホールの『青年期』は，彼のもとで学んだ元良勇次郎（1858-1912）らに
よって，1910（明治43）年に『青年期の研究』として翻訳・出版されている。

2.　ホリングワース（Hollingworth, L. S. ; 図1.13）

　ホリングワース（Hollingworth, 1928）は，その著書の中で「**心理的離乳**

図1.13　ホリングワース（1886-1939）

（psychological weaning）」という言葉を初めて使った。心理的離乳とは，青年期に家族の管理・監視から逃れ，自立した人間になろうと駆り立てられることを意味する。すなわち，両親に依存したそれまでの生活から，自分の判断で物事の決定ができるようになることを指す。この心理的離乳は，時によると感情の爆発やうつ状態を伴う可能性がある。しかし，家族のもとから自立することは重要であること，またそれには生育環境である親の養育態度の影響が大きいことについても言及している。

　ホリングワースの考え方は，ホールによる壮大な心理学的反復説のような理論からではなく，青年期の適応という現実的な問題への関心が基礎になっているといわれている。青年の直面する課題として，家族の絆から離れて独立，職業生活をどう送るかという問題，生殖能力を持つようになったという事実，成熟しつつある人間が必要とする世界観，などの面から考察を試みており，家族との絆を修正し，家族から独立することが心理的離乳としてとらえられている。

3. ビューラー（Bühler, C.；図1.14）

　ビューラーの青年に対するアプローチの特徴は，その研究方法に見ることができる。多くの研究が計量的な手法を用いて行われていたのに対して，彼女は日記資料を用いて『青年の精神生活（*Das Seelenleben des Jugendlichen*）』（1967, original, 1922）を記している。青年の日記資料を組織的に分析することにより，「日記は何よりも一般的省察，つまり，迫ってくる諸問題の克服に役立つ」と考えたようである。

図1.14　ビューラー（1893-1974）

　また，ビューラーは青年期を「思春期」と「青年期」の前後2つの時期に分けてとらえている。彼女は，否定的傾向の強い前期を「思春期」，肯定的傾向の強い後期を「青年期」と呼んでいる。思春期は急激な身体的変化により精神的不安定に陥り，周囲に対する反抗と自身に対する嫌悪を抱くようになって苦しみ，その苦しみを理解しない者に対して敵意を抱くとしている。しかし，17歳頃を境として新たに開かれる価値の中で，力の増大や若さに対する喜びを感じ，肯定的な傾向が出現するという仮説を示した。このような彼女の見解は，その後の青年心理学の発展に寄与することになっていく。

4. シュプランガー（Spranger, E.；図1.15）

　シュプランガーは『青年の心理』（1924）を発刊し，青年の心理構造を直接的に追体験から理解するという「了解」によって探求しようとした。この「了解」は単に人のこころの動きを追体験することではなく「精神的関連を客観的に妥当する認識の形において意味あるものとして把握する」ことを意味している（Spranger, 1924 土井訳 1957）。また，青年期において第二次性徴をきっかけとする精神的不安定さの出現は必然ととらえた。

　彼は青年期を「第二の誕生」と言い，主な特徴の一つとして「自我の発見」をあげている。子ども時代にも自我は存在するが，青年期になると目を内界に向け（内省），自己感情が優勢となり，他者から離れた存在として「内界にある一つの宇宙がある」といった自己体験が始まるとしている（Spranger, 1924 土井訳 1957）。

図1.15　シュプランガー（1882-1963）

　シュプランガーの心理学における大きな功績は，人がどのような文化的領域に価値を置くかによって価値観を6つの類型に分類したことである。すなわち理論型，経済型，芸術型，権力型，宗教型および社会型の6つであり，この価値観はその人の生き方を決定づけるとしている。

5. エリクソン（Erikson, E. H.；図1.16）

　エリクソンは，人間の発達における社会的文化的影響の重要性を指摘した上で，人間の誕生から死までを「乳児期」「幼児前期」「幼児後期」「学童期」「青年期」「成人前期」「成人期」「老年期」の8つの発達段階に分け，より包括的な立場からライフサイクルを論じている。

　このエリクソンの心理社会的発達理論は，人間には生まれながらに成長発達のプログラムが備わっており，それがさまざまな刺激によって相互作用的に漸次発現してくるという漸成論（epigenesis）の立場に立っている。彼は，人間の発達は環境と切り離して考えることはできず，欲求と経験を左右する社会文化からの期待と葛藤と緊張によって繰り広げられていると論じている。

　エリクソンの心理社会的発達理論の中で，「青年期」に関する記述は特筆すべきものである。「青年期」では，「同一性 対 同一性の拡散」という課題の中で「忠誠」という強さが現れてくる。この「忠誠」とは，「誰かに導いてもらいたいという欲求を，親的人物から賢明な助言者や指導者に向け替えたもの」

図1.16　エリクソン（1902-1994）

で，それを受け入れることとしている。青年期における彼の考えは，この「**自我同一性（アイデンティティ）**」という言葉であまりにも有名である。彼は，青年期は「自分とは何者であるのか」「自分はどこに行こうとしているのか」という自らの問いに対して自ら模索していかなければならない時期であり，急激な身体的変化や認知能力の発達，対人関係の広がりによって，それまで構築してきた自己像を再構築しなければならない課題に直面するとしている。

6.　**レヴィン**（Lewin, K. Z.；図 1.17）

レヴィンは，ゲシュタルト心理学を社会心理学に応用し，多くの功績を残している。「ツァイガルニク効果」や「場の理論」などは，彼の研究に基づくものである。特に，人間を周囲の環境から切り離して完結したものとしてとらえるのではなく，人が生きている状況を 1 つの統一的な生活空間とみなし，個人や集団ではなくこの生活空間を研究対象とすべきとする「場の理論」という体系を発展させている。

レヴィンが「青年心理学」に影響を与えた考え方として，「境界人（marginal man）」をあげることができる。場の理論では，青年期は「一つの領域から他の領域へ移行しつつある人の状態」としてとらえられる。さらに青年期は帰属集団が移り変わる時期で，大人からすれば大人ではない存在であり，子どもからは子どもではない存在として，その中間をさまよう不確実な立場に置かれているとしている。このような青年の特徴を「境界人」としてとらえたものである。

図 1.17　**レヴィン**（1890-1947）

7.　オーズベル（Ausubel, D. P.；図 1.18）

　「有意味学習」でよく知られるオーズベルは，青年心理学の領域においても，それまで個別に議論されていた生理的・生物学的要因と社会的要因がともに青年期の現象発現に関与すると考え，パーソナリティの再構成への影響について検討している。オーズベルによれば青年期は上述の生物学的，社会的な変化によって引き起こされるパーソナリティの再構成の時期であり，児童期までに作り上げられたパーソナリティ構造が青年期のさまざまな変化により適合できなくなるため，パーソナリティの再構成が進められるのが青年期の特徴であるとしている。それは青年期の「自我関与」や「自己準拠」への傾倒が強くなる現象で示されるとしている。

　またホリングワースの「心理的離乳」と同じように，オーズベルは「服従者」からの「脱出」の過程が青年期の成熟過程で生じ，自分の意思で行動できるような独立への動機であるとして，「脱衛星化」という概念で説明をしている。

図 1.18　**オーズベル**（1918-2008）

青年期の特徴

2.1　青年期の身体的発達

　「青年期」は，生理的な現象である第二次性徴により始まる。この時期における身体の急激な成長，そして性的な成熟とはどのようなものか，そもそも発達とはどのような意味を持つのかについてこの節で触れる。さらに，そのような身体的変化が青年に与える心理的な問題についても言及していく。

2.1.1　身体的発達

1.　発達の概念

　発達心理学における「発達」の広義の概念は「誕生から死に至るまでの連続的な変化」とされる。これは，身体的・精神的な変化の観察や記述によって示される現象で，単に「成長」「成熟」のような上昇のプロセスのみをとらえたものではなく，「老化」「衰退」という下降のプロセスも含めた変化をとらえたものである。その周辺概念として，「成長」「発育」「成熟」という用語についてもそれぞれ定義されているので，その内容についても理解しておくことが望ましい。

　子どもから大人への身体的発達という狭義の視点において，高石他（1981）は以下の3つのタイプの身体的変化を示している。

（1）発育（growth）：身体の形態的な変化

（2）発達（development）：身体の機能的な変化

（3）成熟（mature）：ある特定の段階に到達すること

　なお「成熟」は，「思春期を経て成人に達すること」とされる場合が多い

（高石他，1981）。

「発育」については「成長」とほぼ同義としてとらえられることが多い。「目で見ることのできる変化」として，「成熟」は内部構造の質的変化を意味し，遺伝的な要因によって規定されているところが大きく，個人が持つパフォーマンスが最大限に発揮されるような状態であるとされている。

青年期は，後に述べるように身体的にも精神的にも発育・発達を続けている状態にあり，その急激な変化が心身のバランスに大きな影響を与えやすい時期でもある。

2.　思春期の発育スパート

人は，生まれてから成人になるまで同じスピードで発育するわけではなく，急速に発育する時期が 2 回ある。一度目は生後 1 年の間であり，この期間で身長は約 1.5 倍，体重は 3 倍に増加するなど，身長・体重発育量は最も大きい。その後 3 ～ 4 歳頃にかけて発育量は急速に減少する。その後は，緩やかな発育が続き，11 歳くらいから再び発育量の増大が見られる（図 2.1）。

これを**思春期の発育スパート**という。この後，再び発育量は急激に減少する。なお，図 2.1 に見られるように，思春期の発育スパートの出現は，一般に男子

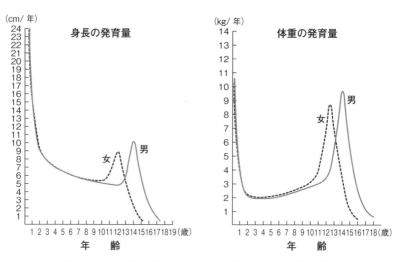

図 2.1　**男女の典型的な身長（左）と体重（右）の発育曲線**
(Tanner, Whitehouse, & Takaishi, 1966)

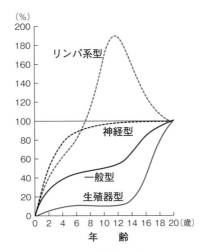

図 2.2　**スキャモンの発育曲線**（高石他，1981）

表 2.1　**各発育型に属する臓器・器官など**（高石他，1981）

	臓器・器官など
リンパ系型	胸腺・リンパ節・扁桃など
神経型	脳・脊髄など
一般型	全身・骨格・筋肉・内臓器官など
繁殖型	精巣・卵巣・子宮・前立腺など

より女子のほうが早い。しかし，これらの変化には個人差が大きいことが知られている。

　発育は，身長や体重のように身体を全体としてとらえるものだけではない。スキャモン（Scammon, R. E., 1930）は身体内部の臓器・器官の発育経過を 4 種類（リンパ系・神経系・一般系・生殖腺）に分類し，それぞれの発育のパターンを示した。これは**スキャモンの発育曲線**としてよく知られている（図 2.2，表 2.1）。図 2.2 では，出生時から 20 歳までの発育増加量を 100 として，各年齢時までの発育量をパーセントで表している（高石他，1981）。

　これによると，一般型は出生後の急激な発育の後，緩やかな増加をたどり思春期（12 歳くらい）にまた急激な増加を見せている（ここでも思春期の発育

スパートがあることがわかる）。生殖型はこの思春期の発育スパートとほぼ同時に発育の増加を見せていることがわかる。この時期が第二次性徴期となる。またリンパ系型は小児期に急激な増加があり，思春期を境に低下している。さらに神経型では，乳幼児期に顕著な発育が見られ，その後ゆっくりとした発育をし，比較的早い段階で成人の値に達する。

　しかし，最近の脳研究では詳細な脳の発達が解明されつつある。大脳皮質の厚さの変化を検討した結果，前頭前野の増加のピークは12～13歳であり，その後緩やかに減少していくことがわかった（滝沢・笠井・福田，2012；Shaw, Kabani, Lerch, Eckstrand, Lenroot, Gogtay, & Giedd, 2008）。これは，脳科学的視点においても，思春期から始まる青年期がシュプランガーの言うような「第二の誕生」と見なすことができるといえるだろう。

3. 発達加速現象

　身体的発達の年次推移を見ていくと，各年齢層で徐々に増大しているが，その増大変化が最も大きいのが思春期である（高石他，1981）。このように，世代が新しいほど身体的発達が早くなる現象を**発達加速現象**（時代的変化傾向）という（齊藤，2014）。

　この発達加速現象には，年間加速現象と発達勾配現象があり，前者には成長加速現象と成熟前傾現象がある。それらの関係と意味するところを図2.3に示した（齊藤，2014）。

　成長加速現象を実際に示すものとして，1950年以降の思春期の子どもにおける男女別平均身長発達の推移を図2.4に示した。1950年以降の年次推移では平均身長が増加しているが，近年は男女ともに身長の伸びは少ない。

　次に，成熟前傾現象を示すものとして，全国規模の初潮調査（大阪大学の発

発達加速現象
├ 年間加速現象＝異世代間での発達の差異
│　├ 成長加速現象＝形態（身長・体重・胸囲など）が量的に増大する現象
│　└ 成熟前傾現象＝性的成熟（初潮・精通など）が早まる現象
└ 発達勾配現象＝同一世代間での差異

図2.3　発達加速現象（齊藤，2014）

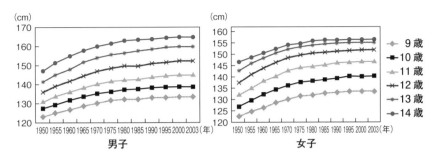

図 2.4 平均身長の推移——文部科学省（2004）の学校保健統計調査
（都筑，2004 より作成）

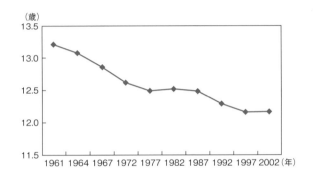

図 2.5 平均初潮年齢——大阪大学・全国初潮調査（都筑，2004 より作成）

達加速現象研究グループの調査累計 290 万人）の結果を図 2.5 に示した。1961 年にほぼ 13.25 歳だった初潮年齢は次第に低年齢化し，1977 年から 1987 年にかけては 12.5 歳でフラットになるが，その後再び低年齢化した。1961 年から 2002 年までの約 40 年間に平均初潮年齢は 1 歳ほど早まっている。

その要因としては，栄養状態の改善などがあげられるが，それだけではなく都市化した生活が精神的刺激となっていることが考えられる（高石他，1981）。特に近年は，生活スタイルの変化が身長の伸びに大きな影響を与え，さらにインターネットなどの普及により，環境から得る情報量の増大が初潮年齢の早期化に大きな影響を及ぼしていると考えられる。

このような成熟前傾現象は，青年期の開始を早め，児童期の短縮と青年期の長期化につながる。それらのことから身体と精神とのアンバランスが生じやす

くなり，性やアイデンティティの問題をもたらすこととなる。

2.1.2　成熟に対する心理的受容

1. 第二次性徴

　青年期は**第二次性徴**から始まる。この時期になると，児童期には見られなかった身体的な男らしさや女らしさが顕著となる。主な変化としては，女子では，乳房の発達・初潮・腰幅および皮下脂肪厚の急増が見られ，丸みのある女性的体形となってくる。男子では，精巣・副性器の増大・精通・変声（声変わり）・喉頭の発育・肩幅の急増が見られ，男性的な体形となってくる。そして男女とも恥毛の発毛が見られるようになる（高石他，1981）。

　思春期の成熟の速度は，性差・個人差により異なる。そのため，それぞれが自身の身体の急激な変化をどのように受け止めるのかが重要となる。一般に思春期の子どもから大人への移行は，男子より女子のほうが心理的葛藤を抱えやすい（柏尾，2006a）。

　第二次性徴を伴う身体発育が平均より早い時期に発現することを早熟，遅く発現することを晩熟という。思春期研究の多くが，男子では仲間より早く思春期に入ることが自信や周囲の信望を高めるが，女子では早熟であることは周囲から人気がなく，内的な混乱の兆候となると指摘している。しかし早熟・晩熟のいずれもが，成熟時期として集団から逸脱的であることから，適応に関して大きなリスクを持つことになる（柏尾，2006a）。

　また思春期の身体発育発現と抑うつとの関係に関する研究によると，女子では身体発育発現（特に丸みをおびた身体）への受容度が低ければ，身体満足度が低下し露出回避行動となり，抑うつ傾向が高まる。しかし，男子にとっては，身体発育発現自体は特に大きな不安や混乱をもたらすことは少ない（上長，2007a）。

2. ボディ・イメージ

　齊藤（2014）によれば，**ボディ・イメージ**は「身体的魅力あるいは身体的外見の自己知覚，自己の身体に対する肯定的あるいは否定的感情，自己の身体に関する見方」と定義されている。思春期に始まる身体変化により，自身の身体

への意識が高まり，他者から見られる自分を意識するようになると，このボディ・イメージは思春期以降の青年にとって重要な課題となる。

　ボディ・イメージは客観的な身体と一致しているとは限らない。そのことから実際よりも自身の身体を過大視するようなイメージの「歪み」が生じることや，自身のボディ・イメージと理想とするイメージとに「ズレ」が生じることとなる。ボディ・イメージは，必ずしも痩身−肥満に関連する身体把握を指すわけではないが，多くのメディアで痩身のモデルを用い，ダイエット特集を組むなど好ましいと思われる体型を提示し続けているため，痩身−肥満とボディ・イメージは，青年期の女子にとって密接な関係にある。特に，自分の身体を実際よりも太っていると過大評価する体型と体重への認知の歪みは，摂食障害の本質的な特徴としてあげられている（長谷川・橋本・佐藤，1999）。

　メディアから発信されるボディ・イメージは，女子のほうが男子に比べて体重減少のプレッシャーを受け（男子は体重増加へのプレッシャーを受けている），さらに女子は友人との会話や体型比較などを通し，自身の身体への不満足感を持つ（上長，2007b）。またボディ・イメージは，自己肯定感が低いとその歪みが大きくなる（長谷川他，1999）。身体は社会的評価を得る手段の一つにもなっている。そのため自分でコントロールしやすい身体を，理想とするイメージに近づけようとすることで，摂食障害をはじめとするさまざまな問題につながっていくことになる。

　第二次性徴は，本来的には大人になるための自然な身体発達変化である。そのことを自己を見つめるきっかけとしてとらえ，「歪み」や「ズレ」のないボディ・イメージを獲得することが思春期の重要な課題であろう。

3. 運動発達

　運動発達は第二次性徴を境に児童期から思春期にかけて大きく変化する。幼児期から児童期にかけて，中枢神経系による運動コントロール能力は急激に発達し，走る，跳ぶ，投げる，蹴るなどの基礎的運動パターンのレパートリーは成人と同じレベルに達するといわれている。児童期の運動経験が運動コントロール能力と関連があることが示されており，運動の多様性（多様性練習効果）がこの能力を高めることも示されている（杉原，2008）。

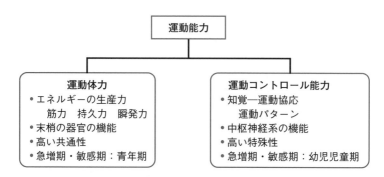

図 2.6　**運動能力の構成**（杉原, 2011）

　しかし，成長ホルモンの影響を受ける運動体力は思春期以降急激に向上し，トレーニングによる効果も大きくなる。児童期後期からは，運動遊びからは，競技スポーツへの移行期となり，競技性や卓越性に基づく高度な技能や技術が求められるようになる（図2.6）。

　以前はスポーツ経験とパーソナリティの関係が議論され，青年期のスポーツ選手と成年期のスポーツ選手との比較研究が行われていたが，現在では運動によってパーソナリティの変容が起こるのではなく，スポーツに対する積極性などによってスポーツ参加が促進されると考えられるようになってきている（杉原, 2011）。

2.1.3　ジェンダー・アイデンティティ

1. ジェンダー・アイデンティティと性役割

　生物学的な男女の違いをセックス（sex）と呼ぶのに対し，社会や文化によって作り出された男女の違いをジェンダー（gender）と呼ぶ（宇井, 2014）。ジェンダーはまた，女性であるがゆえ，男性であるがゆえの社会的役割について言及する際に用いられ，「女らしいこと」あるいは「男らしいこと」を意味する（Caplan & Caplan, 2009 森永訳 2010）。

　このように，女らしさや男らしさ，あるいは自分の性に関する感覚が，生まれ持った性別に必ずしも対応するものではないと主張されるようになったのは

1960年代後半のことであり，生物学的な性と心理的な性とはおのおの独立したものであるとして，後者に対してジェンダーという語が用いられるようになった（伊藤，2000）。マネーとタッカー（Maney & Tuker, 1975）は，男性，女性あるいは両性として自分はこういう自分であるという認識をジェンダー・アイデンティティ（性同一性）と呼び，人が他者あるいは自分自身に対して自分が男性，女性のいずれかであることを表すための言動を性役割と呼んだ（伊藤（2000）によると，マネーはジェンダー・アイデンティティと性役割を同義に扱っている）。

　ジェンダーは，感情・態度・行動・関心・服装などを含め，ある社会が一方の性にふさわしいとラベルづけする特徴全体からなっており，当然のことながら，社会が異なればその基準も異なってくる（Caplan & Caplan, 2009 森永訳2010）。

2. ジェンダー・アイデンティティの発達

　性役割，ジェンダー・アイデンティティの発達過程には，図2.7に示すように3つの側面がある（伊藤，2000）。社会的要因は，外部環境を指し，生まれ

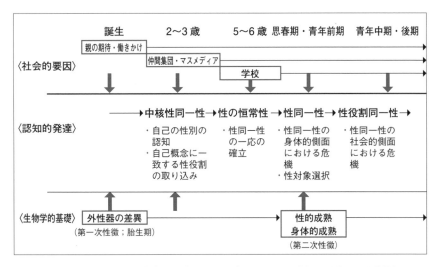

図2.7　**性役割の発達／ジェンダー・アイデンティティ（性同一性）の形成過程**
（伊藤，2000より作成）

たときから親の働きかけがあり，仲間とも，遊びを通して性役割を相互に強化し合う。また，学校という環境の中でも性役割が強化される場合が多い。さらに，子どもは自己を認識できるようになると同時に，自身の性を理解するようになる。やがて思春期になると，性的成熟・身体的成熟を迎えるようになるのだが，そのことに対する不安や混乱が生じるようになってくる。いずれにしても，年齢に応じて認知能力が増加するとともに，社会が期待する性役割（男は男らしく，女は女らしく）を獲得していくことがわかる。

3. ジェンダー・スキーマとジェンダー・ステレオタイプ

　人が自己を取り巻く環境を認知するとき，その個人が持つ認知的な枠組みによって情報処理の仕方は異なってくる。中でもさまざまな刺激情報の中から性（ジェンダー）と結びついた情報に目を向け，記憶し，構造化するための認知的枠組みをジェンダー・スキーマという（伊藤，2003）。強いジェンダー・スキーマを持つ人は　性別の違いを大きく見積もるために「男は仕事・女は家庭」などのような意見に賛同し，自己概念に適った行動をとる（柏尾，2006b）。

　ジェンダー・ステレオタイプとは，男女それぞれが持っているとされる特性，もしくは持っているべきであるとされる特性についての信念を指し，男性が持っているとされる特性を男性性，女性が持っているとされる特性を女性性と呼ぶ（宇井，2014）。

　このようなジェンダー・ステレオタイプについて，男性性としては「知性」「行動力」「冒険心に富んだ」「たくましい」，女性性としては「従順と美」「かわいい」「従順な」などの言葉が抽出されている（柏木，1972；伊藤，1978）。また，土肥・廣川（2004）では，男性性の中核は「作動性」，女性性の中核は「共同性」が期待されているとしている。「作動性」とは，一人の人間として目指すべきあり方・自分自身を成長させること・何かを達成させることなどに関わる特性であり，「共同性」とは他者との協調性や親密性などに関わる特性である。両研究の比較から，ジェンダー・ステレオタイプに関しては，30 年近くたっても，男性性，女性性に対するジェンダー・ステレオタイプは，あまり変化していないといえよう。

4. 性同一性障害

身体の性とこころの性（脳が認識する性）が一致しない障害に**性同一性障害**がある。これは，現在の自分の生物学的な性（sex）やそれにマッチする性役割に強い違和感を持つ障害で，学校生活・社会生活に支障をきたしているような場合は治療の対象となる（白井・都筑・森，2012）。

近年は，学校現場などでも性同一性に対する違和感を持つ生徒に対して，特別な配慮がなされている。下記に該当する法律の条文を載せた。さらに学校現場（小学校・中学校・高校）では，特別な配慮を必要とする児童・生徒に対して，制服・髪型・学用品・グループ活動・トイレなど幅広く具体的な対応を行っているという報告があるものの，該当する児童・生徒から配慮を望まないという声もあり，あえて配慮しないという学校もあることから（文部科学省，2014），その対応の困難さがうかがえる。

性同一性障害者の性別の取扱いの特例に関する法律（第2条より）

生物学的には性別が明らかであるにもかかわらず，心理的にはそれとは別の性別（以下「他の性別」という。）であるとの持続的な確信を持ち，かつ，自己を身体的及び社会的に他の性別に適合させようとする意思を有する者であって，そのことについてその診断を的確に行うために必要な知識及び経験を有する二人以上の医師の一般に認められている医学的知見に基づき行う診断が一致しているものをいう。

2.2 青年期の感情・認知・思考の発達

青年期の身体的成熟は単に生殖可能な身体を有するだけでなく，知的能力の向上に伴って感情・認知・思考などさまざまな側面にも変化をもたらす。私たち人間は社会集団での生活を前提とした発達が求められるが，それに適応するためのスキルは青年期の試行錯誤を通して習得されていく面が多い。この節では青年期の情意的側面の発達に焦点を当てて考察していく。

2.2.1 生理的発達と感情

1. 性ホルモンと感情の関係

前節では，第二次性徴から始まる青年期の身体発達について述べた。第二次性徴期は外見的な身体変化だけでなく，その変化を生み出すホルモンの分泌により，認知面・社会的関係などさまざまな側面に影響を与える。

思春期の身体発達では，下垂体から分泌される性腺刺激ホルモンの増量によって，精巣や卵巣の発達が顕著となり，その結果精巣から分泌される男性ホルモン・卵巣から分泌される女性（卵胞）ホルモンによって，男性的・女性的特徴が作られる（高石他，1981）。

しかしながら，最近の研究では，男女いずれもが脳で男性ホルモンと女性ホルモンとの両方を合成していることがわかってきている（川戸，2007）。したがって近年，男性ホルモン・女性ホルモンという名称ではなく，単にホルモンの名称を使用することがあるが，いまだ併記していることのほうが多いように思われる。主な性ホルモンの名称と感情に関わる作用を表2.2に示した。

男性ホルモンの分泌は，女性でも思春期には高まるし，女性ホルモンの分泌は男性にもある。いずれにしても，思春期の身体発達をコントロールしているのはホルモンであって，バランスが保たれていれば正常な思春期変化が見られる（高石他，1981）。しかし思春期は，正常な発達であっても性ホルモン分泌が増加することでホルモンバランスが崩れやすい。ホルモンバランスの変化は，自律神経の乱れ，情緒不安定を引き起こす。このような生理的要因による変化を，思春期および青年期にある本人が意識することはできない。中間（2014）によると，本人にとって不可解な生理的喚起は，ネガティブな情動として喚起されやすいため，このような情動状態に置かれること自体が不快感情をもたらす刺激となる。このように青年の内的要因により感情の揺れがもたらされるこ

表2.2　主な性ホルモンの感情に関わる作用 （中間，2014より作成）

男性ホルモン	テストステロン	攻撃性，気の短さ，怒りっぽさなどが高まる
女性ホルモン	エストロゲン・プロゲステロン	抑うつ感，おっくう感など精神機能や運動を抑制させる作用と関連

ととなる。

2. 感情制御

グロス（Gross, J. J., 1998）は**感情制御**について，「どのような感情を抱くか，いつ抱くか，どのように経験もしくは表出するかに影響を与えるプロセス」と定義している。この感情制御については脳機能の発達との関連，特に 10 代前半の若者の特徴として，感情制御の非効率性が指摘されている（柳澤・阿部，2019）。青年期に衝動的で危険な行動が見られるのは脳機能の変化（特に前頭葉皮質の活動）が影響しており，成人よりもその活動が弱いことから感情刺激に反応しやすく感情制御が効きにくいと考えられる。

表出される感情の中でも「怒り」に関しては，他の動物にも見られる原始的な感情として位置づけられている。他の感情と比較しても生物学的な起源を持っているとも考えられ，その発達を考察することは，感情制御の発達を検討する一事例となる。

「怒り」の感情の発達は，児童期から青年期，成人期と移るに伴い，その表現が間接的で複雑になる傾向が見られる。児童期は自己の欲求に対する疎外に対しての感情として「怒り」を持ち，その表出は直接的な攻撃行動として表現される。しかし，青年期になると自分の感情の動きを社会的文脈に合わせてコントロールし，直接的な表出を制御するようになり，より間接的な表現をもって感情を表すようになる。さらに道徳的規範や道徳信念への抵触，自己の自尊感情を傷つけるような行為に対してより「怒り」を感じるようになる。

青年によく用いられる「血気盛ん」という言葉には，「攻撃的」という意味も含まれている。感情制御の非効率性などを考慮すれば，青年期はまだまだ「怒り」のコントロールに限界があり，「義憤に駆られる」というような感情表出も青年期の特徴的な怒りの様態といえる（小林，2006c）。

2.2.2　認知的発達と感情

1. ピアジェの認知発達理論

ピアジェ（Piaget, J.）は，発達を量的増大とは見なさず，段階の質的変化としてとらえ，子どもの思考はその過程において節目ごとに構造替えをしながら

表 2.3　**ピアジェの認知発達段階**（Piaget, 1970 中垣訳 2007；山下他，2002 より作成）

	認知発達の段階	成立する世界	内　　容
乳児期	感覚運動期	行動的世界	ことばに関する機能が未熟で，感覚や運動を通して環境に適応する時期
幼児期	前操作期	表象的世界	イメージを使った思考ができるようになる時期
児童期	具体的操作期	現実的世界	論理的な思考ができるようになるが，抽象的な概念に関する思考は未熟な時期
青年期	形式的操作期	可能性世界	抽象的な概念に関する思考も発達し，想像上の問題も考えることができる時期

発達していくとした（滝沢，1992）。

　彼は子どもを組織的に観察し，発達を生活体と環境の相互作用によって漸進的に構成される過程であると考えた。そして，発達の要因を成熟・経験・社会とし，これら3つの**均衡化**が重要であるとしている。基本的な均衡化として，外界に生じた不均衡を自己の内部に取り込む方向である**同化**（assimilation），そして，新しい事態に対して手持ちの方法（シェマあるいはスキーマ：schema）で同化できない場合，自分のシェマを変更することによって均衡化を回復しようとする**調節**（accommodation）がある。

　ピアジェは知能の発達を，自分を取り巻く環境事象を説明することが可能となるような均衡状態へ向かって働くことであるとし，人の認知発達を感覚運動期（乳児期）・前操作期（幼児期）・具体的操作期（児童期）・形式的操作期（青年期以降）の4段階に区分した（**表 2.3**）（Piaget, 1970 中垣訳 2007）。表中の「表象」とは目の前にないものを頭の中で再現したもの（イメージ）を指し，「操作」とは実際の動きではなく頭の中で行うことを指す（山田，2014）。

　「感覚運動期」は知能の形態がまだ原始的な段階であり，目に見える現象に基づいた行為に基礎を置いている。「前操作期」では「表象」という資質を獲得し，対象の保存の発達を促進していく。「具体的操作期」は，「脱中心化」という状況を多面的に考慮する能力が出現し，与えられた事象に対して自分の考えを協調させ体系化させる能力を獲得する時期である。

　そして「形式的操作期」における思考は，具体的操作期の思考が「いま・こ

こ」にある具体物を基本とした現実を越えることができないのに対し，具体的な事象——現実世界——を越えた世界を考察できる。すなわち，物理現象のような必然的法則，理想我から見た自己（現実我）・理想社会から見た現実社会といった理念，社会，宗教・哲学についての思考も形式的操作が可能とする。形式的操作は子どもと青年とを分かつものなのである（Piaget, 1970 中垣訳 2007）。

　このようにして青年は，抽象的概念に関する思考が可能になることから，自由・責任・生きる意味・人生への不安などといった抽象的な問題で思い悩むこととなる。

2. 形式的操作期の特徴

　ピアジェの「**形式的操作期**」は，表 2.3 にもあるように「青年期」に該当する。当初の彼の理論によると，この形式的操作の思考がおおよそ 15 歳頃までに完成するとされていたことを考慮すれば，「思春期」に該当していると考えられる。この時期の特徴は，課題に含まれる事象について可能な限りの組合せを考え，具体的な操作だけでなく仮説的に考え，抽象的なものについても考えることが可能となることである。

　「形式的操作期」における思考の特徴として因果的推論をあげることができるが，これは単なる思考の問題ではない。社会的理想を目指す感情も出現し，理想社会論から人生論に至るイデオロギーを論じることが可能となり，青年たちは社会に準拠しようとする存在として発達をしていく。

　前述した通り，ピアジェは当初，15 歳頃には形式的思考は完成し，論理的な思考が可能になるとしていた。しかし，ピアジェの理論は限定的で，私たち人間の理想的なあり方を示したものにすぎず，実際には論理的な思考がすべてにおいて必ずしも可能になるわけではないという批判もあり，彼は 1972 年に理論の修正を行っている。

2.2.3 青年期の思考

1. 思考の特徴

　青年期には，情報処理能力の向上に伴い，抽象的な思考が可能となる。ピア

ジェの理論に見たような形式的操作が可能になることから，以下のような特徴
を持つ（平石，2006；白井，2006；髙坂，2018）。

(1) 思考の意識化（メタ認知）：自分の思考過程を意識化し制御する。

(2) 思考の自己中心性：自身の関心内容と他人の思考が向かう対象が未分化で
　　　あるが（青年期前期），やがて脱中心化へと向かう。

(3) 視点取得：他者の見方や立場で物事を考えたり，感じたりする，すなわち
　　　人の考えや気持ちがわかることを意味する。視点取得の欠如は他者に対す
　　　る配慮のない社会的迷惑行為につながる。

(4) 弁証法的思考の形成：物事を絶対的ではなく総体的に見ることができるよ
　　　うになる。

　ただし，すべての青年が形式的操作の段階に達するわけではなく，青年を取
り巻く文化や教育，社会階層などの文脈によって認知発達が規定され，一部の
青年しか獲得できないとする考え方も存在している（Shayer & Wylam, 1978）。

2. 道　徳　性

　道徳性とは，「社会的規範のなかで獲得した価値観のこと」と考えられてい
るが（Reimer, Paolitto, & Hersh, 1983 荒木訳 2004），ここでいう価値とは「人
間行動における善悪の価値」を問題とするものを指す（小林，2006b）。

　どのような社会であっても，自分がやりたいことがあってもやらない，やり
たくなくてもやるというように，自分の欲求充足を抑えて，社会の行動様式や
価値を共有して規範を守れるよう，子どもに道徳性の発達を促していくことは
教育の主要な役割である。

　しかし，社会規範・道徳規範を内面化して，それに忠実に従うようになるこ
とがそのまま道徳的な発達であるとはいえない。時には規範や法に背くことが
道徳的である場合もある（人道的な理由で法を犯すなど）。このようなことも
含めて，道徳性の発達，特に青年期以降の発達をとらえるためには，単なる規
範の内面化ではなく，何のための規範なのかの理解，「正しさとは何か」の理
解の発達を考える視点が必要となる（山岸，2014）。

　ピアジェによると，道徳的発達変化は「他律的道徳から自立的道徳」への発
達であるとしている（小林，2006a）。幼児期から児童期では，規範や道徳は親

や権威から与えられた（他律的）ものであったが，児童期の後半になると規範は絶対的なものではなく，必要に応じて柔軟にとらえられるようになる（自律的）。そしてこの道徳的自立性が確立するのが青年期である（小林，2006a）。

　道徳性の発達を理論化したコールバーグ（Kohlberg, L.）によると，道徳性の発達とは，なぜその規範に従うのか，何のための規範で，規範を守ることが自他にとってどのような意味を持つのかを理解する問題であるとしている（山岸，2014）。ここでいう道徳性の発達とは，道徳判断の発達を意味する（Reimer et al., 1983 荒木訳 2004）。

　この道徳性の発達過程は普遍的であり，たとえ文化によって道徳・規範が異なっていても，道徳判断における理由づけ——「正しさ」のとらえ方には，普遍的な発達段階が考えられている（山岸，2014）。コールバーグの提唱した6つの道徳性の発達段階の概要と各発達段階でとられる視点を表 2.4 に示した。

　コールバーグによる道徳性の発達の根底にあるのは「脱中心化」である。子どもの注意がある場面の一番目立った特徴に向くこと（通常子ども自身の視点と一致）に基づいた判断から，他人の視点と一致した，場面の特徴に広く・平

表 2.4　コールバーグの発達段階の概要と各発達段階でとられる視点（山岸，2014 より作成）

段階	概要	視点
1	罰と服従への志向（罰や制裁を回避し，権威に従うことが正しい）	自己中心的視点：自分あるいは権威者の視点しか考えられず，他者の視点を取れない，他者の視点と自分の視点の混同
2	道徳的功利的相対的志向（自分，時に他者の欲求を満たすことが正しい）	個人の視点：「欲求を持つ」個人の視点を考えられる
3	対人的一致・良い子への志向（身近な他者からの期待に沿い，よい対人関係を保つことが正しい）	相互作用を持つ他者の視点：自分に対して期待をもつ他者の視点を取れる
4	社会システム・秩序への志向（全体として社会システムを維持することが正しい）	具体的な他者だけでなく，一般的他者や社会前提からの視点を取れる
5	社会契約的遵法的志向（社会全体によって吟味され一致した基準に従うことが正しい）	特定の社会を超えた視点，考えられるすべての視点を取れる
6	不偏的倫理的原則への志向（不偏的倫理的原則に従うことが正しい）	

等に注意が払われることをもとにした判断へ，さらにはすべての視点を前向き
に調整し，道徳的規範の根底にある意味について理解すること（表面的理解か
ら内的な理解へ）へと進んでいく（Hoffman, 2000 菊池・二宮訳 2001）。

　コールバーグは，どのような文化における個人であっても，道徳的課題の理
由づけはこれらの段階を通して一定の順序で前進的に発達するが，その発達の
速度と到達点は 1 つの社会の中でもいくつかの社会の中でも異なるとしている。
また，このような変化は，青年の社会における役割取得の機会を反映している
とも考えられている（Reimer et al., 1983 荒木訳 2004）。

3. 共 感 性

　共感性は，自分自身を他者に置き換え他者を理解しようとする認知的側面と，
他者の経験に対して抱く感情的側面という両側面を持つ（髙坂，2018）。

　また，板倉・開（2015）によると，共感（empathy）と同情（sympathy）は，
区別されるべきものであるという。共感は他者の感情的な状態の理解から発生
し，他者が経験している感情と類似した感情を体験することだが，同情は他者
の感情状態を理解することから始まるものの，必ずしも他者と同じ感情を体験
するものではないとしている。

　共感の構造は複雑かつ多様であり，感情の共有などの感情的なコンポーネン
ト，視点取得などの認知的なコンポーネント，そして他者の苦痛に対する反応
などの行動的コンポーネントからなると考えられている（板倉・開，2015）。

　感情的共感は，自動的で無意識的な状況で誕生直後から機能しているが，認
知的共感は，急速な前頭葉前部の発達に伴って幼児期に出現し，その後心の理
論や視点取得といった，より複雑で高次な認知的プロセスを可能にしていく
（板倉・開，2015）。

　また，山本（2008）によると，共感には他者の喜びを自分のことのように喜
ぶ共感的喜びと，他者に起きた悪い事象をともに悲しむ共感的苦痛とがある。
青年期では，発達がすすむとともに，その場限りの同情ではなく，客観的・持
続的に考えられるようになり，間接的要因や背後の要因も考えた共感になって
いく（山岸，2014）。

　さらには，現在目撃している他者の苦しみや困難だけでなく，より一般的に

人々の状態や思いへの共感が持てるようになり，やがて，戦争・災害・貧困・抑圧・迫害などの諸問題に苦しむ人々への博愛的共感につながる（小林，2006b）。

4. 時間的展望

時間的展望は，レヴィン（Lewin, K. Z.）によって「ある一定時点における個人の心理学的過去，および未来についての見解の総体」と定義されている（都筑，1999）。形式的操作期に入った青年は，前述したように物事について論理的・抽象的に思考できるようになり，自分の内面についても内省的にとらえられるようになる。そして「自分とは何か」「自分はいかに生きるべきか」という問いに対して深く考えるようになり，現在の自分と未来の自分とのつながりや，自分と社会とのつながりについても強く関心を寄せていく（都筑，2007）。

また都筑（1999）は，時間的展望を認知的側面，感情・評価的側面，欲求・動機的側面と，それらを支える基礎的認知能力から構成されたモデルとして提起した（図2.8）。

将来目標を持ちたいという欲求は，将来目標を持っているかという認知につながり，時間的展望は，個人の行動を方向づけ，また行動の結果からフィードバックを受ける。そして個人が置かれている社会的文脈は時間的展望に影響を

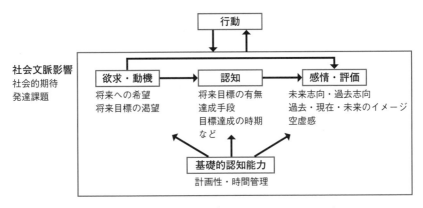

図2.8 **時間的展望の構造モデル**（都筑，1999より作成）

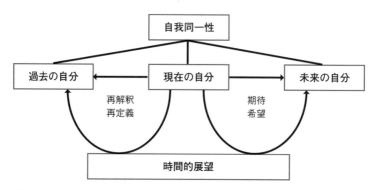

図2.9　**青年の時間的展望と自我同一性との関連についての仮説図式**（都筑，1999より作成）

与えるのである（都筑，2014）。

　都筑（1999）によると，青年は過去の自分を振り返り再解釈・再定義を行う
とともに，未来の自分について期待し，希望を持つことで自分を統合的にとら
える。それが自我同一性の達成へとつながる（図2.9）。

5. 甘　　え

　「甘え」は，土居（1971）が精神分析学的概念として取り上げ，日本人特有
の心性であるとした。しかし，日本以外の国においては直接的に「甘え」を指
す言葉が存在しないものの，「甘え」は人間に共通の普遍的な心性であるして
いる。

　「甘え」とは，「乳児の精神がある程度発達して，母親が自分とは別の存在で
あることを知覚した後に，その母親を求めることを指す」と定義されている
（土居，1971）。「甘え」がなくては，母子関係の成立は不可能であり，幼児は
成長できない。成人後も新たに人間関係が結ばれる際には「甘え」が発動する。
その意味で，「甘え」は人間の健康的精神生活に欠くことのできないものであ
るという。しかしながら，「甘え」は，時にさまざまな心理的病理に結びつき，
甘えたくても甘えられないという基本的不安は「とらわれ」の状態を引き起こ
す。

　このように，「甘え」には健康的で素直な「甘え」と不健康で屈折した「甘
え」とがある。稲垣（2013）は，この屈折した「甘え」の状態は自己愛と関係

することから,「自己愛的甘え」の存在を提唱している。この「自己愛的甘え」は,「屈折的甘え」「配慮の要求」「許容への過度の期待」に分化し,思春期から青年期にかけて発達するとともに「屈折的甘え」と「配慮の要求」は高まっていく。そして,稲垣は,「許容への過度の期待」は青年期の発達とは関係なく,パーソナリティとして備わっているものではないかと考察している。

　「甘え」は,本来家庭で育つものであったが,その家庭が今や不安定でこわれやすくなっていると土居は訴えている。人間は誰しも一人では生きられず本来の意味で甘える相手が必要であり,自分が守られていると感じられる二者関係はどのような社会でも重要である(土居,1971)。

　「甘え」の概念が生まれてから50年近くになろうとしているが,現代においても人間が健康的な精神生活を送るために必要な,健康的で素直な「甘え」の発達の重要性について考え続けることは必要であろう。

自己と
アイデンティティ

3.1　自己について

　青年期に入り，認知的発達を迎えると「私とはいったい何なのだろうか」「自分とはいったい何者なのだろうか」といったことを考え始める人が多いのではないだろうか。いつも「私」と一緒にいる「自分」。今こうして考えている「自分」。考えれば考えるほど，自分で自分をとらえることが難しくなってくる気はしないだろうか。ここでは「自分」を考える旅の助けとして，自己・自我についてのさまざまな知見を紹介していく。

3.1.1　自己とは

1．IとMe

　シュプランガーは青年期の大きな特徴の一つとして「自我の発見」をあげ，それを「第二の誕生」と呼んだ。青年期に入り内界に目を向けることで，他者から離れた存在として自己体験が始まるのである（第2章参照）。

　自分の内的世界には，自分は何者かと問う（見る）自分と，問う対象となる（見られる）自分がある。ジェームズ（James, W.）は，私が何を考えているときでも同時に「私自身」を自覚し，同時にそれを自覚しているのも「私」であるとし，全自我（self）は二重性であるとした。そして，主体としての自分を主我：I（self as knower）と呼び，客体としての自分を客我：Me（self as known）と呼んだ（James, 1892/1984　今田訳 1992）。ここでいうIは見る自分であり，Meは見られる自分に対応する。

　さらに，主体として機能するIは，自己全体の統合機能および現実の中での

適応機能を果たし，客我である Me は，さまざまな状況や役割の中で自分に関する表象であり，複数の側面（例：大学生の自己，家族の中の自己，仲間の中の自己など）を持つ（谷，2006a）。

ミード（Mead, G. H.）は，自我（self）[*1] とは生誕のときからそこにあるのではなく，社会的経験と活動の過程で，また他者との関係の結果として生じるものであるとしている。そして，個人が自我を所持できるのは，社会集団の他の成員との関係においてのみだと述べている（Mead, 1934 河村訳 1995）。

また溝上（2014）は，自己（self）を「他者性と対峙して意識・イメージが概念化される自身（own）に関する精神・世界のこと」と定義している。自己は，自身の内的世界ではあるが，自己を考える上で他者の存在は不可欠なのである。

2. 自己を知る・自己概念

自分自身に意識を向けたとき，自分を客観的にとらえ評価することは難しい。クーンとマックパーランド（Kuhn & McPartland, 1954）は，自己概念の査定法として **20 答法**を開発した。この 20 答法は「私は誰でしょう？ （Who am I ?)」という問いに対して「私は＿＿＿＿＿＿」という 20 の空欄に，回答者が自分自身のことについて書き入れていく方法である。自己記述の内容は，「身体的外見」「遊びの活動」などの客観的記述と，「個人的な信念」「動機づけ」「対人関係上の特徴」などの主観的記述とに分かれ，回答者の年齢が上がるにつれ抽象的記述となる傾向にある（天野，2013）。

山田（1989）は，小学生から大学生までを対象として，20 答法を用いて調査を実施した。「"自分のこと"ということで，あなたの頭に浮かんで来たことを，"私は……"につづけるようにして書いて下さい」とし，思いつくままに自由に記述するよう求めている。その記述を分析した結果，小学生から高校生にかけては「客観的属性」「趣味」に関する記述が多く，大学生になると全般的に「性格」について記述する傾向が強くなることを見出している。20 答法

[*1]　谷（2006a）によると，一般には自我は ego，自己は self と言われるとしている。しかし，上記のジェームズでは全自我を self，ミードでは自我を self としている。このことから，引用に関しては訳文（原文）で用いられている語をそのまま用いた。

を用いることで，自分自身を見つめる際に，自分に対する意識がどこにあるのか，自分をどのように見ているのかという指標となる。

　さまざまな要素を持つ自己概念ではあるが，梶田（1988）によると，基本的に6つのカテゴリーに分けられる。心理世界の中核にあるのが「1. 自己の現状の認識と規定」「2. 自己への感情と評価」，これらを支える形で「3. 他者から見られている自分」「4. 過去の自己」「5. 自己の可能性と未来」がそれぞれ関わり，それら全体を大きく形づけ方向性を示す形で「6. 自己に関するすべきことと理想」がある。それらの関連性を図3.1に示した。

　「1. 自己の現状の認識と規定」は，自己の状態・自己の感情的志向や態度・自己規定からなり，「2. 自己への感情と評価」は，自負やプライド・優越感や劣等感・自己受容，「3. 他者から見られている自分」は，他者からのイメージと規定・他者からの感情と評価，「4. 過去の自己」は，過去の体験・過去の自己のイメージと規定・過去の自己への感情，「5. 自己の可能性と未来」は，可

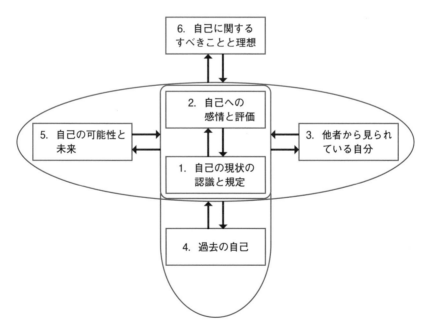

図3.1　**自己概念を構成する主要な要素とその相互関係**（梶田，1988より作成）

能性の予測や確信・予定についてのイメージ・意志や意図についてのイメージ・自己についての願望が含まれる。「6. 自己に関するすべきことと理想」は，自分はこうあるべき・こうなりたいということを意味する。どの要素中核に重要な役割を示すかは，人によって異なる（梶田，1988）。

　青年期になると自己を対象化した視点を持ち始め，多面的・多元的観点から自己に関心を寄せることが示されるが，それをどのように自己評価するのかはまた別の問題である。自分自身の視点だけで自分のことを把握することはできない。図 3.1 にあるように，他者から見られている自分を意識することは，自己の中核に働きかける大きな役割を持つ。

　溝上（2014）によると，クーリー（Cooley, C. H.）は「鏡映的自己」という概念を提唱した。人は自分に対する他者の言動や態度を手がかりとして，自分が他者からどのように思われているのかを推測して自己像を形成する，すなわち他者はその意味で鏡のような存在（他者は自己を知る鏡）であると説いた。他者を意識・理解できるようになってこそ自己意識が持てるようになるのであり，社会の中に自己を置くことがなければ，自分を知ることはできないということを意味する。

3.1.2　自己の変化と自己受容

1. 自己発達・自己形成

　溝上（2011）によると，青年期以降の自己の変化は，**自己発達**（self development）と呼ぶべき特定の方向に向かった自己の変化がある一方で，**自己形成**（self formation）と呼ぶべき個性的な自己の変化の割合が相対的に高いとしている。自己形成は「自己を主体的に，個性的に形作る行為である」と定義される。青年期の自己の変化には，自己発達よりもむしろ主体的，個性的に「形作る（form）」を強調する自己形成のほうが重要な働きを持つという。

　その際青年は，重要な他者（親・教師など）との関係性の中で，他者の視点を学習し，自分の意見に合致するものは取り入れ，そうでないものは切り捨てるといったように自己形成が行われていく。この自己形成を促進させるには，時間的展望活動が重要な要素となる。時間的展望活動とは，青年期の発達課題

として指摘されているアイデンティティ形成や職業・人生形成に対して直接的に取り組む姿を指す（溝上，2011）。

さらに青年期には，「今の自分を変えたい」「変わりたい」という自己変容と呼ばれる意識があり，今とは違う新しい自分を求める気持ちや嫌な自分を主体的に克服しようとする姿勢が顕著に表れる。そのような積極的姿勢も自己形成に重要な役割を果たしている（千島，2014）。

自己形成は他者との関係性の中で行われていくが，現代社会においては人の生活や人生に関わる場が個人化・個性化し，結果として自己の多次元化を招いている（溝上，2014）。

家庭においては子どもとしてあるいは兄弟としての私，学校においては生徒としてあるいは同級生としての私，部活動においては後輩としてあるいは先輩としての私など，それぞれの場にはそれぞれの他者が存在する。しかも家庭・学校・部活動だけでなく，現代社会では子どもの時代から個人が関係する場が増大し，それに伴い関わる他者の数が増大する。これが自己の多次元化を進めることとなる。しかもそれぞれの場で関係する他者同士は関係性がないことのほうが多い。さらには実際には対面しない情報世界の中での他者も加わり，より複雑さを増している。このような他者の増大は自己形成をより複雑にし，困難にする現代の状況を示唆している（溝上，2014）。

2. 理想自己と現実自己

人は自分について考えるときに，現実の自分の姿だけでなく「こうなりたい」と望む自分の姿がある。これを**理想自己**と呼び，現在の自分の姿を**現実自己**と呼ぶ（髙坂，2018）。

この理想自己は，行動，性格特性，能力，外見・容貌など望ましいと見なされる特徴のまとまりをいい，社会や重要な他者の価値の影響を受けて形成される。一方，現実自己は，客観的なあるがままの姿（真実の姿）というよりも，むしろ自分はこのような人間だととらえている自己の姿を指す。また，理想自己と現実自己が一致することは難しく，通常理想自己のほうが高いものとなる（谷，2006b）。

人は理想に向かって努力しようとする志向性を持つが，実際に努力によって

理想自己に到達できる人はわずかであり，多くの人は理想自己と現実自己との間に差異が生じている。ロジャーズ（Rogers, C. R.）はこの理想自己と現実自己のズレに注目し，理想自己と現実自己のズレが大きいと，脅威と不安が生じて不適応感を招き，不適応状態に陥るとしている（髙坂，2018）。

　この理想自己には2つの側面，こうなりたい自分（正の理想自己）と，このようになりたくない自分（負の理想自己）とがある。この両者は個人内で内的基準として機能するが，負の理想自己と現実自己との差異は自尊感情と強く関わることが明らかになっている（遠藤，1987）。すなわち，こうなりたくない自分と，自分はこのような人間だとする自己の姿との差が大きければ，自尊感情は高まることとなる。さらに，正の理想と現実自己の差異が小さいほど自己受容が高く，負の理想と現実自己の差異が大きいほど，自己受容が高いことが示されている（新井，2001）。したがって青年の適応問題について考える上では，どのような正の理想自己を抱いているかだけでなく，どのような負の理想自己を抱き，どのように現実自己と対比させているのかを含めて検討していくことが必要である。

3. 自 己 受 容

　自己受容とは「良いところも悪いところも含め，ありのままの自分を受け入れている状態」を言う。すなわち，自分のある属性に対する認知が肯定的あるいは否定的そのいずれであっても，受容されているかどうかが問題となる。そして，その受容の程度が青年期の自己形成にとっては重要となる（谷，2006c）。

　自己受容とは自己を冷静に認識し，その自己の長所・短所について「だから自分はダメな人間だ」という評価ではなく，「それでも自分は人間として価値ある存在であり，現在の自分を大切にして，自分を信頼している」という自己の肯定的な受け入れとなっていることを言う（宮沢，1987）。

　自己受容では，正確な自己認知をすることが必要となる。そして自己受容が深まるほど防衛的心性は減少し，さらに自己認知が深まることとなる。すなわち自己認知は自己受容の前提条件あるいは必要条件であり，両者は相互依存的関係にあるといえる（谷，2006c）。

　適度な自己受容は，自己への信頼感が他者への信頼感につながり，他者に対

しても受容的になっていき，積極的で良好な対人関係へとつながっていく（板津，1994）。しかし，多くの人は自己の把握する自分のネガティブな部分と向き合い，自己への信頼感に確信を持つことに困難を感じているのではないかと思われる。なお過度な自己受容は，自己不信に対する防衛的態度の表れである場合があり，必ずしも心理的健康状態を表すものとはならない。

　自己を受け入れるということは，自分を好きになることでも，常にポジティブな感覚をもたらすものでもない。受容することで得られる感覚は「not too much（それほどひどくない）な感覚」なのであろう（上田，2002）。

3.1.3　自尊感情と自己愛

1. 自尊感情

　ローゼンバーグ（Rosenberg, M.）は，**自尊感情**（self-esteem）を「自分自身で自分の価値や尊重を評価する程度」であるとしている（天谷，2013）。また自尊心とは，自分自身を無意識のうちに大切なものとして扱ってほしいという内的な感覚であり，幼いときから現れるが，青年期になり周囲の大人たちへの心理的依存から脱して自立の道をたどる上では欠くことのできない基盤となる（梶田，1988）。それゆえ青年にとって，自尊感情は，抑うつ・学業成績・対人関係などさまざまな精神的健康や社会での適応と関連する重要な概念である（原田，2008）。

　この自尊感情を生み出す自己評価には，さまざまな基準が存在する。ブラッケン（Bracken, B. A.）は，自尊感情を4つの基準による自己への情報に基づく評価過程としてとらえた（小林，2006）。

(1) 絶対的基準

　「絶対評価」の考え方で，自分の能力・性格・成績が一定の基準に達しているかどうかで判断する。

(2) 内部比較基準

　「自分自身との比較」ともいえ，個々の領域における能力や成績を自分という人間全体のレベルと比較して評価する。例えば全般的に成績が良いのに1つの教科だけ成績が悪いことで批判的な感情を持つ場合もあれば，全般的に成績

がそれほど良くはなくても1つの教科だけ成績が良いことで肯定的評価となる。

(3) 比較的基準

　他者と自己を比較しての絶対評価。人は，この基準を用いて，他者との比較により自分の価値判断を行うことが多い。

(4) 理 想 基 準

　自分が理想とする水準と自分を比較して自己を評価する。

　自尊感情は，これまでその高さが健康や適応の指標と考えられてきた。しかし，自尊感情の高い者は自己の欠点や失敗に関する情報を無視したり他のせいにして，失敗から学ぶことができなかったり，自尊感情が傷ついたときに他者に怒りや敵意を示すなど，自尊感情の否定的側面も近年指摘されている（原田，2008）。

　この矛盾は，自尊感情の高低だけでなく，自尊感情が安定しているか否かによって，自尊感情の肯定的側面と否定的側面との現れ方が異なると考えられている（原田，2008）。

　ローゼンバーグによると，自尊感情の揺れは日々の出来事によって短時間の間で揺れる短期的な揺れ（自尊感情の変動性）と，月や年の間で揺れる長期的な揺れとがある（原田，2008）。短期的な自尊感情の変動の例として，例えば良い成績をとった場合に自尊感情が高まり，悪い成績をとった場合には自尊感情が低下するというようなことがあげられる。自尊感情の変動は誰もが経験するものなのである。

　このように自尊感情には，状況によって変化する“状態自尊感情（他者から受容（拒否）されている程度を示す内的・主観的指標；state self-esteem)”と比較的安定した“特性自尊感情（時間や状況を通した自尊感情の平均水準；trait self-esteem)”の2つがある（阿部・今野，2007）。

　この状態自尊感情と特性自尊感情は一定の関連を示すと考えられ，状態自尊感情は特性自尊感情よりも，現時点の出来事の影響を受けて変動するとされている（阿部・今野，2007）。

　表3.1にローゼンバーグの自尊感情尺度をもとにした，状態および特性自尊感情尺度を示した。状態自尊感情と特性自尊感情は，質問項目にそれぞれ「い

表3.1 **状態自尊感情尺度と特性自尊感情尺度の項目**（阿部・今野，2007 より作成）

状態自尊感情尺度	特性自尊感情尺度
1 いま，自分は人並みに価値のある人間であると感じる	1 ふだん，自分は人並みに価値のある人間であると感じる
2 いま，自分には色々な良い素質があると感じる	2 ふだん，自分には色々な良い素質があると感じる
3 いま，自分は敗北者だと感じる＊	3 ふだん，自分は敗北者だと感じる＊
4 いま，自分は物事を人並みにうまくやれていると感じる	4 ふだん，自分は物事を人並みにうまくやれていると感じる
5 いま，自分には自慢できるところがないと感じる＊	5 ふだん，自分には自慢できるところがないと感じる＊
6 いま，自分に対して肯定的であると感じる	6 ふだん，自分に対して肯定的であると感じる
7 いま，自分にほぼ満足を感じる	7 ふだん，自分にほぼ満足を感じる
8 いま，自分はだめな人間であると感じる＊	8 ふだん，自分はだめな人間であると感じる＊
9 いま，自分は役に立たない人間であると感じる＊	9 ふだん，自分は役に立たない人間であると感じる＊

＊は逆転項目。
5件法：合計得点を使用する。
"あてはまる" 5点，"どちらかというとあてはまる" 4点，"どちらともいえない" 3点，
"どちらかというとあてはまらない" 2点，"あてはまらない" 1点。

まは」あるいは「ふだん」という語をつけることで区別しており，状態自尊感情は，成功・失敗に伴って上昇もしくは低下する傾向が示されている（阿部・今野，2007）。この尺度の使用は自尊感情の変動に関する研究のみならず，臨床的介入による自尊感情の改善効果を見るためにも有用であるとしている。

2. 自己愛

「自己愛」という概念は，フロイト（Freud, S.）によって精神分析学の概念として取り上げられた。これは，自分自身を愛情の対象とすることであり，他者へ向けられた「対象愛」に至らない未成熟な様態としてとらえられている（川崎，2013）。しかし，フロム（Fromm, E. S.）は「自分を愛することのできない人間にどうして他者を愛することができようか」と説き，健全な自己愛の意義を強調した（小此木，1981）。

やがてその後「自己愛」というニュアンスは変化し，単に未成熟や病理を意

味するものではなくなっている。現在では，ストロロウ（Stolorow, R. D.）が
定義したように「自己像がまとまりと安定性を保ち，肯定的情緒で彩られるよ
う維持する機能」「自己を肯定的に感じようとする基本的な心の機能」として
理解されるようになっている（川崎，2013）。

　しかし，健全な自己愛の範疇を超え過度に自己愛的になると「自己愛性パー
ソナリティ障害」へとつながることとなる。「精神疾患の診断・統計マニュア
ル（DSM-5）」（APA, 2013 髙橋他監訳 2014）では，精神分析的観点からの自己
愛的パーソナリティの特徴として「誇大性，賛美されたい欲求，共感の欠如の
広範な様式で成人期早期までに始まり，種々の状況で明らかになる」と記され
ている。この診断基準は，自らを特別な存在と思い，その自分を賞賛するよう
他人に求め，利己的で搾取的な振る舞いをするなど，一般的な「ナルシスト
像」を反映したものになっている（川崎，2013）。

　さらに，DSM-5 によると，自己愛性パーソナリティ障害では自尊心が傷つ
きやすく，批判や挫折による“傷つき”に対して非常に敏感になるという特徴
がある。

　自己愛性パーソナリティ障害は，多様な現れ方をするという指摘が多く見ら
れるが，今日では誇大性だけでなく，他者の評価に過敏で抑制的な「過敏型」
を加えた「誇大性―自己掲示欲」「脆弱性―過敏性」の2類型として集約する
ことが可能であろう（川崎，2013）。日本において青年期の問題として扱われ
ることの多い不登校・アパシーや対人恐怖症などについても，過敏型と関連す
る特徴が指摘されている（上地・宮下，2005）。

　なお，この DSM-5 では「自己愛性の傾向は，青年期には特によくみられる
が，必ずしもそのまま自己愛性パーソナリティ障害となることを意味してはい
ない」と記されており，青年期には自己愛性が高まる傾向にあることが指摘さ
れている。この青年期における自己愛性傾向とは，自分自身への関心の集中と，
自信や優越感などの自分自身に対する肯定的感覚，さらにその感覚を維持した
いという強い欲求によって特徴づけられている（上地・宮下，2005）。

3.2　アイデンティティ

　ここまでにも説明したように，アイデンティティ（identity）という言葉は本来，「同一性」という意味だが，「自我同一性」と同義として使用されることが多い。このアイデンティティは，エリクソン（Erikson, E. H.）が提唱した概念であり，簡単に言うと「自分が自分であること」ということになる。ここでは，その意味するところと青年期における重要性について考察していく。

3.2.1　アイデンティティ（自我同一性）

1.　アイデンティティの感覚

　アイデンティティとは，エリクソンが精神分析学の立場から提唱した概念であり，「自我同一性」や「同一性」と表記されている（谷，2006）。

　エリクソンによると，アイデンティティとは，個人が自分の内部に連続性と斉一性を感じられること，他者がそれを認めてくれること，その両方の事実を自覚していることであるという。すなわちアイデンティティの獲得には，個人が自分の記憶をもとに過去・現在・未来の自分がつながっていること（連続性），まとまりを持っていること（斉一性）が感じられること，そしてそのような感覚を，自分の主観的な感覚として自覚するだけでは不十分であり，自分に対して社会で認められている「何か」と自分が「同じである（一致する）」という証明・承認が必要であると，エリクソンは考えた（髙坂，2018）。

　アイデンティティを考える上では，いかに自分がその感覚を持てるか，すなわちアイデンティティの感覚をいかに獲得できるかということが重要となる。また，このように「自分が自分である」ということを感じるアイデンティティの感覚を持つために，周りから見られている社会的な自分という，社会的な視点の必要性を組み込んでいるところに，エリクソンの発達理論が心理社会的発達といわれるゆえんがある。

　個人の発達の過程において，児童期が終わり，青年期が始まるとともにそれ以前に頼っていた斉一性と連続性が再び問題となる。なぜならば青年期では急速な身体的成長と性的成熟が起こり，新しい連続性と斉一性の感覚を求めてあ

らためて戦わなければならないからである（Erikson, 1959 西平・中島訳 2011）。このことからも，青年期におけるアイデンティティの感覚の獲得は，いかに困難さを含んでいるかがうかがえよう。

2. エリクソンの漸成発達理論

　エリクソンは，人の生涯発達は心理社会的な相互作用による漸成発達であるとする理論（**漸成発達理論**）を構成し，人の人格発達は個体と社会との相互作用によって，特定の順序性を持って進んでいくとした。さらにその人格発達には8つの構成要素が存在し，それらが順序性を持って優勢な時を迎え人格発達が進んでいくと考えた（谷，2008）。この漸成発達理論を図式化したものが図3.2の漸成図式である（"漸"とはだんだんに進むことを意味する）。

　図3.2に示したように，対角線上（表の斜めに配置してある網かけ部分）には，各発達段階において中心的な葛藤となる社会的危機が書かれている。すなわち，各段階はそれぞれ「相対的な心理・社会的健康の基準」と「それに対応する相対的な心理・社会的不健康の基準」とを併せ持っている（Erikson, 1959 西平・中島訳 2011）。

　第1段階の乳児期では「基本的信頼 対 基本的不信」が記され，これが乳児期の中心的な心理社会的危機であることを示している。子ども時代は，その段階に特有の心理・社会的危機を通して，パーソナリティが段階的に開かれていく時期である（Erikson, 1959 西平・中島訳 2011）。

　第5段階の青年期では「アイデンティティ 対 アイデンティティ拡散」が記されている。すなわち，青年期になって初めてアイデンティティがその段階に特有なものとなることが示されている。この時期にアイデンティティは何らかの統合を見出さなければならず，それに失敗するとアイデンティティは葛藤を抱えたままになり，アイデンティティの拡散を迎えることとなる（Erikson, 1959 西平・中島訳 2011）。

　漸成発達理論によると，社会的不健康の基準というような否定的な面は決して不必要なものではなく，自己の課題に直面し，この危機を解決していくことで各段階の達成程度は高まることとなる。青年期では，アイデンティティの拡散という危機を体験し，それを解決していくことで，アイデンティティの感覚

	1	2	3	4	5	6	7	8
VIII 老年期								統合性 対 嫌悪, 絶望
VII 成年期							世代性 (生殖性) 対 自己陶酔	
VI 前成年期					連帯 対 社会的孤立	親密 対 孤立		
V 青年期	時間的展望 対 時間的拡散	自己確信 対 アイデンティティ意識	役割実験 対 否定的アイデンティティ	達成への期待 対 労働麻痺	アイデンティティ 対 アイデンティティ拡散	性的アイデンティティ 対 両性的拡散	指導性の分極化 対 権威の拡散	イデオロギーの分極化 対 理想の拡散
IV 学童期				勤勉性 対 劣等感	労働同一化 対 アイデンティティ喪失			
III 遊戯期			自主性 対 罪悪感		遊戯同一化 対 空想アイデンティティ			
II 幼児期初期		自律性 対 恥, 疑惑			両極性 対 自閉			
I 乳児期	基本的信頼 対 基本的不信				一極性 対 早熟な自己分化			

図 3.2 漸成図式 (Erikson, 1959 西平・中島訳 2011;谷, 2008 より作成)

への確信が深まるようになり，その達成度が高まっていくことになる。「正常な」発達においては，社会的健康の基準というような肯定的な面が否定的な面を持続的に上回る（Erikson, 1959 西平・中島訳 2011）。

　さらに漸成図式（**図3.2**）[*2] を見ると，各構成要素は，その段階特有なものになる以前にも何らかの形で存在しており，それは表中の対角線上の右下の領域に表されている。また，以前優勢になった構成要素はその後も存在し，現在優勢になっている段階の見地から新たな形で顕在化する。それは表中の対角線上の左上の領域に表されている（谷，2008）。

　すなわち青年期の「アイデンティティ 対 アイデンティティ拡散」は，青年期以前の乳児期には「一極性 対 早熟な自己分化」として存在し，次の幼児期初期では「両極性 対 自閉」として存在することとなる。また，乳児期の「基本的信頼 対 基本的不信」は，乳児期以降の青年期には「時間的展望 対 時間的拡散」となって顕在化する（次項参照）。

　このように，対角線上の各発達段階において優勢となる構成要素は他のすべての構成要素と関連し合い，ある段階における危機の達成はその後の危機の解決のあり方に影響を及ぼす。すなわち，ある段階の危機がうまく解決できなかったときは次の段階の危機の解決を困難にする。しかし，前の段階の構成要素はそれ以降も存在し，次の段階で新たに問い直されるため，前の段階でうまくいかなかったとしても系列的な人格発達が可能となる（谷，2008）。

　エリクソンは，個人のライフサイクルは，社会的文脈と切り離しては十分に理解できず，個人と社会は複雑に織り合わさり，絶えざる交流の中で相互にダイナミックに関係し合っていると述べている。私たち人間にとって，多様な文化環境の中で適応していく上で，漸成発達理論が示すように各段階において自己の課題に直面し，この危機を解決していくことは避けては通れない。しかし，この危機の解決こそが私たちに基本的な強さをもたらすのである（Erikson & Erikson, 1982 村瀬・近藤訳 1989）。

[*2]　本書の漸成図は青年期を中心に記している。

3.2.2 心理社会的発達期としての青年期

1. 青年期の課題

　アイデンティティの統合は青年期の課題であるが，前述したようにそれぞれの段階は独立しているわけではなく，その段階で優勢である構成要素は，他の段階のすべての構成要素と関連し合い影響を及ぼし合っている。

　青年期は，ライフサイクルの中で児童期から成人期への移行期として位置づけられる。「もはや子どもではないが，まだ大人ではない」という構造の曖昧な境界性を特徴とする発達期である（下山，1998）。したがって発達図式では，各段階におけるそれぞれの要素の達成程度が青年期に及ぼす影響について細かく触れている。

　発達図式を見ると，青年期の「アイデンティティ 対 アイデンティティ拡散」の縦軸には「アイデンティティ形成に至る過程」が，横軸には「アイデンティティの状態」が示してある。この「アイデンティティ形成に至る過程」の課題・内容・感覚を**表3.2**に，「アイデンティティの状態」の項目・内容・ア

表3.2　**アイデンティティ形成に至る過程**（下山，1998より作成）

段階	課題	内容	感覚
Ⅰ	一極性	自分は周囲から受け入れられているという確信	相互的承認
Ⅰ	早熟な自己分化	自分はダメな存在らしいという限定感	自閉的孤立
Ⅱ	両極性	周囲との間に相互的な交流のある自分	個であろうとする意志
Ⅱ	自閉	周囲に対して心を閉ざしている自分	自分がおびやかされる疑惑
Ⅲ	遊戯同一化	遊びを通して役割と同一化，そのリハーサル	役割の予想
Ⅲ	空想アイデンティティ	競争，攻撃的な空想＝自分と思いこむ	役割の制止
Ⅳ	労働同一化	学んだり働いたり人の姿と同一化	生産する喜び
Ⅳ	アイデンティティ喪失	学んだり働いたりする自分の喪失	無益さの感覚
Ⅴ	アイデンティティ	これが自分であるという確信と社会的自覚	アイデンティティの確立
Ⅴ	アイデンティティ拡散	社会的役割と責任をもてないでいる不確かな自分	アイデンティティの混乱

表3.3　**アイデンティティの状態**（下山，1998より作成）

	項目	内容	アイデンティティの混乱の感覚
1	時間的展望	自分の生きている時間の現実的な把握	時間の混乱
	時間的拡散	現実的な時間に対する感覚の麻痺	
2	自己確信	自律した個としての自己への信頼感	自意識過剰
	アイデンティティ意識	自己への確信がないために，常に自己をまさぐる	
3	役割実験	いろいろな社会的役割への自己の可能性と試み	否定的役割固着
	否定的アイデンティティ	社会に認められない「悪」とするもの＝自分	
4	達成の期待	将来を期してコツコツと努力を重ねる	無気力
	労働麻痺	働く，学ぶことの感覚の麻痺	
5	性的アイデンティティ	男，女としての自分の立場・役割が確立	両性的混乱
	両性的拡散	男―女の性別が拡散	
6	指導性の分極化	リーダーとメンバーの相互の役割が確立	権威の混乱
	権威の拡散	権威の存在が拡散	
7	イデオロギーの分極化	自分の生活信条の明確化	価値の混乱
	理想の拡散	あるべき理念・理想の拡散	

イデンティティの混乱の感覚を表3.3に示した（下山，1998）。

　例えば乳児期の発達課題である基本的信頼が形成されているならば，アイデンティティの形成過程において「一極性：自分は周囲から認められている」との相互的承認の感覚を持つが，不信感が形成されたならば，「早熟な自己分化：自分はダメな存在らしい」という自閉的孤立の感覚を持つことになる。一方で乳児期における基本的信頼の形成は，青年期におけるアイデンティティの状態では「時間的展望：自分の生きている時間の現実的な把握」を可能とするが，不信感の形成は「時間的拡散：現実的な時間に対する感覚の麻痺」が生じることとなる。同様に表3.2，表3.3では各段階の発達段階での達成の影響を見ることができる。

　このように発達図式では，青年期を中心にして，乳児期からの各発達達成度が試されるとともに，青年期以後の中年期，老年期に至るまでの発達の基礎を

提供している。

2. 青年と心理・社会的モラトリアム

エリクソンは，青年期はライフサイクルの中で自我同一性の危機と直面しながら自分の姿を確認していく時期であり，自分を模索するために社会から与えられた猶予期間であるという考え方を示している。

エリクソン（Erikson, 1959 西平・中島訳 2011）は，「この期間に個人は自由な役割実験を通して，社会のある特定の場所に適所（ニッチ）を見つける。適所とは，あらかじめ明確に定められた，しかもその人にとっては自分だけのために作られたような場所である」と述べ，この期間を**心理・社会的モラトリアム**と呼んでいる。そして，この適所を見つけることが青年の内的連続性と社会的斉一性の獲得につながるとしている。これは保護された時間でさまざまな役割実験や社会的な体験を行うことが可能で，青年のアイデンティティ獲得のために社会が用意した猶予期間であるといえる。

元々「モラトリアム」は，国家などが債権債務の決済を一定期間延期し猶予することによって，金融機構の崩壊を防止する措置を意味する用語である。エリクソンは，青年期の責任や義務の履行への猶予期間として，これを転用したといわれている。

小此木（1978）は，「モラトリアム人間」という言葉を用いて，当時の若者の状況を描写している。ここで言う「モラトリアム」は，エリクソンのそれとは異なる概念として用いられた。これはエリクソンの言うような「時期」を示すものではなく，社会的責任や義務を無限に引き伸ばし，幼児的な万能感と欲求の追求に浸っている状態を示した，一種のアイデンティティの拡散状態を指している。

3. アイデンティティの拡散と否定的アイデンティティ

それでは，青年期において問題となる**アイデンティティの拡散**とは，どういう状態なのだろうか。それは「自分は何者なのか，何をすべきかがわからず，また，その問いに対して主体的に取り組むこともせず（できず），途方にくれている」状態のことを指す（髙坂，2018）。

自己のアイデンティティを統合できず拡散した状態になると，人間関係の親

密さの問題（距離を置くこと），時間的展望および勤勉さの拡散を招くこととなる。また選択の回避（怠慢による猶予期間）は，外的な孤立と内的な空虚の感覚を引き起こすこととなり，いつまでも選択者のままで（自由な状態に）いるという一種の麻痺状態を引き起こす。このような状態に陥ると強い焦燥感や自己嫌悪，無気力を示し，さらに拡散に対する防衛として否定的アイデンティティを選択する場合がある（髙坂，2018）。

　否定的アイデンティティとは，「危機的な段階で，最も望ましくないが，最も危険で，しかし最も現実的なものとして，その人に示されたあらゆる同一化や役割にひねくれた基礎を持つアイデンティティ」のことを指す。達成が不可能な容認された好ましい役割の中で，現実感覚を得ようとするよりも，最も支持されることのない存在と全体的に同一化することからアイデンティティの感覚を引き出すほうがたやすいという状態，すなわち「わずかにしか安定していないなら，いっそ完全に不安定な方がよっぽどいい」というような状態に陥ることである（Erikson, 1959　西平・中島訳　2011）。

　例えば，一生懸命就職活動をしてもまったく内定を得られない学生にとって「もっとも望まれない，危険な，しかし現実的なもの」としての選択肢は「就職しないこと（ニートになる）」であり，それを自らのアイデンティティ（否定的アイデンティティ）とし，「どうせニートだから」ということで他の選択肢を放棄するといったことである（髙坂，2018）。

　髙坂（2018）によると，青年がアイデンティティの拡散を経験している時期に，周囲の親や教師，友人などが基本的信頼感を揺るがすような言動をすると否定的アイデンティティの選択につながることとなり，さらに周囲が「あいつはどうせ○○だから」という関わりをすることで否定的アイデンティティは強化されるという。そのため，このような時期の青年との関わりは，相互の信頼を基礎にした関係を作り，焦らせたり，急かしたりすることなく，青年が自ら選択し関与することを信じて支援することにあると述べている。

3.2.3 アイデンティティの発達とその測定

1. アイデンティティ・ステイタス

アイデンティティの発達とは，混乱の強い状態から統合の強い状態へと変わっていくことを意味し，青年が自らの価値基準を探求し，見つけ，積極的に関わっていくプロセスのことである（髙坂，2018）。

このようなアイデンティティの発達を理論化したものが，**アイデンティティ・ステイタス**（アイデンティティ地位；identity status）である。アイデンティティ・ステイタスは，自分のアイデンティティに関する事柄（職業についての意識・政治的信念など）について，迷い・考え・試行し，探求する経験（危機）の有無，そして現在のコミットメント（自己投入，自分が積極的に行う独自の目標や対象への努力：傾倒）の有無の2つの観点からなる（Marcia，1966）。この危機と傾倒の2つの心理・社会的基準を軸にして，その両者のあり方から，青年期の自我同一性の状況は「同一性達成」「モラトリアム」「早期完了」「同一性拡散」という4つの型のアイデンティティ・ステイタスとしてとらえている（表3.4；伊藤，2012）。

表3.4　4つのアイデンティティ・ステイタス（伊藤，2012）

同一性ステイタス	危機	傾倒	概略
同一性達成	経験した	している	幼児期からのあり方について確信がなくなり，いくつかの可能性について本気で考えた末，自分自身の解決に達して，それに基づいて行動している。
モラトリアム	その最中	しようとしている	いくつかの選択肢について迷っているところで，その不確かさを克服しようと一生懸命努力している。
早期完了	経験していない	している	自分の目標と親の目標の間に不協和がない。どんな体験も，幼児期以来の信念を補強するだけになっている。堅さ（融通の利かなさ）が特徴的。
同一性拡散	経験していない	していない	危機前（pre-crisis）：今まで本当に何者であったか経験がないので，何者である自分を想像することが不可能。
	経験した	していない	危機後（post-crisis）：すべてのことが可能だし可能なままにしておかなければならない。

　しかし近年は，個人が多様な選択肢について考えるようになったため，選択に至る過程のみならず，その選択を実践に移しながらさらに探求する過程も含めて，アイデンティティ発達の過程ととらえるようになってきている（中間・杉村・畑野・溝上・都筑，2014）。

2. アイデンティティの測定

　アイデンティティの発達過程は，コミットメント（発達のさまざまな領域で行った選択や，そうした選択から引き出される自信）を形成するために多様な選択肢を探索する過程（広い探求とコミットメント形成）と，すでに選択した対象が真にコミットメントに値するか否かを検討しさらに深めていく過程（深い探求とコミットメントの同一化）とに区別される。これは**アイデンティティ形成の二重サイクルモデル**と呼ばれている（Luyckx, Goossens, & Soenens, 2006）。

　そこで青年期におけるアイデンティティの発達の程度を把握するために，この二重サイクルモデルをもとに多次元アイデンティティ発達尺度が開発され（Luyckx, Schwartz, Berzonsky, Soenens, Vansteenkiste, Smits, & Goossens, 2008），その日本語版が作成された（中間他，2014）。この尺度は，「広い探求」と「コミットメント形成」，「深い探求」と「コミットメントとの同一化」のアイデンティティ発達に関する2つの過程に関する4因子と，これらの過程で陥る不安の高い自己反芻的要素である「反芻的探求」との5因子で構成されている（表3.5）。この「反芻的探求」によって，コミットメント発達に寄与する探求と，コミットメントに寄与しない不適応な探求とが区別できるようになっている。

　このようにアイデンティティの発達を客観的に測定し把握することは，青年が自らを振り返る手がかりになるとともに，青年の健康的な発達や学校・大学における適応の問題への支援のあり方を考える上で，意義のあることと考えられる。

表 3.5　**多次元アイデンティティ発達尺度日本語版**（中間他，2014 より作成）

コミットメント形成（CM = commitment making）

自分がどんな人生を進むか，決めた
自分の人生をどうするのかについては，自分で選んで決めた
自分が将来何をするのかについての計画がある
自分の進みたい人生がわかっている
自分が将来何をやっていくのか，思い浮かべることができる

コミットメントとの同一化（IC = identification with commitment）

私の将来の計画は，自分の本当の興味や大切だと思うものに合っている
私の将来の計画は，自分にとって正しいものに違いない
将来の計画があるから，私は自信をもっている
将来の計画のおかげで，自分というものがはっきりしている
自分の進みたい人生は，自分に本当に合うものになると思う

広い探求（EB = exploration in breadth）

自分が進もうとする人生にはどのようなものがあるのか，すすんで考える
自分が追い求めることのできる色々な目標について考える
自分が将来するかもしれない色々なことについて考える
自分にとってよいと思える色々な生き方について考えている
自分に合ういろんな生き方を考えている

深い探求（ED = exploration in depth）

自分がすでに決めた人生の目的が本当に自分に合うのかどうか，考える
自分が進もうと決めた人生を他の人がどう思うのか，分かろうとしている
自分がすでに決めた将来の計画について考える
自分の将来の計画が，自分が本当にのぞんでいるものかどうかを考える
他の人たちと，自分の将来の計画についての話をする

反芻的探求（RE = ruminative exploration）

人生で本当にやりとげたいことは何か，はっきりしない
どんな人生を進みたいのか，どうしても考えてしまう
自分が将来をどうしたいのか，気がかりだ
どんな人生を進まなければならないのか，考え続けている
自分が進みたい人生を，ずっと探し続けている

＊5件法：各因子の合計得点を項目数で割って得点とする。

青年期の人間関係

4.1 集団と個人——友人関係の発達

　幼児期・児童期を経て，青年期は人間関係が急激な広がりを見せる。一般的に私たちは，家族，学校や職場だけでなく，趣味やスポーツ，学習のサークルなど大小さまざまなグループに所属し，そこから多くの影響を受けながら生活をしている。その中でも青年期は，所属する集団の範囲や種類がそれ以前に比べ急激に広がると同時にその影響力も強まる時期である。ここでは，「集団」の機能や特徴をふまえ，青年期の人間関係について今日的な課題を検討していく。

4.1.1 集　団

1. 集団とは

　「集団」について，『日本大百科全書』では，「成員間に有機的かつ機能的な相互依存の関係が認められる集合体」と定義している。心理学でいう集団とは，複数の人々からなる社会的なまとまりのことであり，単なる集合体でなく，そのメンバーの間に相互作用と相互依存関係が存在するものである。

　人は家族という集団の中に生まれ，成長とともに同時に複数の集団に所属しながら社会の中で過ごしている。したがって，社会生活とは多面的な集団生活のことであり，社会とは多種多様な集団のネットワークであるといえる。

　井上・山下（2000）は集団としての条件を示し，該当する条件が多いほどより集団らしいと述べている。

(1) 直接的，あるいは間接的に，相互作用を特に重視すること。

(2) 構成員関係が安定しており，一定期間継続すること。

(3) 構成員がいくつかの目的を共有していること。

(4) 構成員それぞれの地位や役割がはっきりしていること。

(5) 自分自身をその集団に所属しているものとして自覚していること。

　これらの条件から,「相互作用」「安定性」「継続性」「目的共有」「地位」「役割」「所属意識」の 7 つの要素を導くことができる。

2. 集団の種類

　集団はそれぞれの基準によって分類される。アメリカのクーリー (Cooley, C. H., 1909) は, 家族・遊び仲間・近隣集団のように直接的な相互作用をしている集団を「第一次集団 (primary group)」, 学校・政党・国家のように成員同士が間接的な接触をしている集団を「二次的集団 (secondary group)」に分類した。

　一方, ホーソン実験[*3]で有名なオーストラリアの心理学者メイヨー (Mayo, G. E.) は集団の成立の仕方から,「フォーマル集団 (formal group)」と「インフォーマル集団 (informal group)」の 2 つに分類した。また, 成員の所属意識から「成員集団 (所属集団: membership group)」と「準拠集団 (reference group)」に分類される。前者は, 本人が実際に所属している集団であり, 後者は, 所属の有無にかかわらず, 自己の行動や判断の基準となる集団である。

　また, 集団の閉鎖性, 排他性という傾向に着目した「内集団 (in-group)」と「外集団 (out-group)」は, アメリカの社会学者サムナー (Sumner, W. G., 1907) の用いた言葉である。内集団は, 個人が自らをそれと同一視し所属感を抱いている集団である。それに対して外集団は,「他者」と感じられる集団で,

---

[*3]　アメリカの電話・通信機器メーカーのウェスタン・エレクトリック社ホーソン工場で行われた生産性の規定要因に関する一連の実験・調査をいう。大きくは 2 期に分かれ, 第 1 期 (1924 年 11 月〜 1927 年 4 月) では照明と作業能率との関係の解明を目指した「照明実験」が実施されたが, 失敗した。「ホーソン第 2 実験」(1927 年 4 月〜 1932 年 5 月) では, 実験室調査, 約 2 万 1,000 人の面接調査, 観察室調査など 5 つの実験・調査が行われた。これらを通じて, 作業能率は作業条件より労働者の精神的態度や感情に影響され, 労働者の態度や感情は個人的来歴や職場の社会的情況に規定されることが明らかにされるとともに, 非公式組織 (インフォーマル・グループ) の存在とその規制力も発見された。

競争心，対立感，敵意などが差し向けられる対象となる。

　人が集団に所属する理由として，以下の5つがあると考えられる。これらの条件を一つでも多く満たすことで，その集団への所属意識は高まる。

---

(1) 他の人から好意を得たい，注目されたいなどの心理的欲求を満たすため。
(2) 一人では成し遂げられない目標を達成するため。
(3) 個人では入手できない情報を入手するため。
(4) 自分の精神的，身体的あるいは経済的な安全を守るため。
(5) 肯定的な自己評価を得るため。

---

3. 集団の形成

　集団の形成には，3つの種類があり，それぞれ計画的形成，外部的規定での形成，自発的形成といわれる。

(1) 計画形成による集団とは，フォーマル・グループとも呼ばれ，何らかの集団的目標を達成するために意図的に作られた集団である。そこでは，それぞれの地位や役割が計画的に付与される。
(2) 外部規定での形成による集団とは，年齢，職業，宗教，住居など，同じような特徴を持った者同士として扱われる集団である。
(3) 自発的形成による集団とは，インフォーマル・グループとも呼ばれ，友人や同じような趣味や行動傾向を持つ人たちが集まってできた集団で，メンバー相互に複雑な影響を与え，個人の行動レベルに直接的な影響を及ぼすことが知られている。

(1) 集団凝集性 (group cohesiveness)

　個人を集団に留まらせるように作用する力を**集団凝集性**と呼ぶ。したがって，集団凝集性が高ければ団結力が生まれ，低ければ一体感がなくなる。ただし，過度に凝集性が高いと内部統制がおろそかになり，自分を集団の一員として見る集団同一視の傾向が強くなり，自分の集団に対してひいきする傾向が見られる。

　集団凝集性には，集団内の人間が互いに好意を持つことによって生じる対人

的凝集性と，その集団に所属することで自分の目標を達成することによって生じる課題達成的凝集性がある。

　これらは個人が集団に求めるものと，その集団の特性によって変わってくる。一般に集団凝集性が高まると，その集団の作業効率も上がると考えられているが，バック（Back, K. W.）は集団の凝集性の高まりが必ずしも作業効率を上げることを保証するものとはいえないと主張している。

　つまり，集団凝集性が上がれば作業効率も上がるが，その目的が誤った判断をしたときには課題達成はできなくなる。また，凝集性が高いことで起こるものに，組織内の同調圧力[*4]と集団浅慮[*5]がある。

(2) われわれ意識 （we-ness）

　前述のアメリカの社会学者サムナーが提唱した，集団の閉鎖性，排他性という傾向に着目して作られた概念で，集団を形成，維持する際に成員の主観的側面において重要な役割を果たす。

　この「われわれ意識」は，集団の危機的状況において強化され，外集団に対しての憎悪と内集団に対する忠誠を増幅し，集団はより閉鎖的となる。その一例として民族中心主義などがある。

(3) 集団規範 （group norm）

　集団内で共有される判断の枠組みや行動様式などを集団規範と呼ぶ。集団規範には校則や社訓などのように明文化されているものと，暗黙のうちに共有されているものがある。一般的に，凝集性が高い集団ほど，集団規範が及ぼす影響は大きくなる。

　集団規範は集団のまとまりを維持し円滑な活動を可能にする役割を果たすが，集団内のメンバーに対してはこの規範に従うようにという圧力が働く。集団メ

[*4]　少数派の意見を持つメンバーに対して，暗黙のうちに多数派の意見に従うよう強制させる力のこと。つまり，メンバーの和を乱したくない，メンバーから嫌われたくないなどの理由から反対意見が主張できず，多数派の意見に従ってしまうこと。
[*5]　集団の圧力によってその集団で考えていることが適切かどうかの判断能力が損なわれてしまうこと。その結果，集団での意思決定が極端な方向に振れやすくなってしまう。

ンバーにとって，規範に従うか，それに反した行動をとるかという，同調—逸脱行動が問題となる。

(4) 同調行動（conforming behavior）

社会心理学者アッシュ（Asch, S. E.）は，人間の同調行動について調べるため，実験を行った。まず，実験室に8人の人間を集める。このうち7人は実験協力者であり，アッシュの指示通りに行動する。したがって，実験参加者となるのは残りの1名である。

図版Aと図版Bをこの8人に提示する（図4.1）。図版Aには1本の線が描かれており，図版Bにはそれぞれ長さの異なる3本の線が描かれている。そして，図版Bの3本の線のうち，図版Aの線と長さが同じものはどれか，参加者に1人ずつ答えさせる（なお，図版Bに描かれた線の長さはそれぞれはっきりと異なり，正解は明らかである）。

アッシュはこのような問いを18試行実施し，12の試行において実験協力者に不正解を答えさせ，それによって実験参加者の答えが変化するかどうかを調査した。

この実験では，実験協力者全員が正解を答えると，実験参加者も正解の選択肢を選んだ。しかし，実験協力者が不正解を答えると，実験参加者も不正解の選択肢を選ぶ傾向が確認された。

実験の結果，すべての質問に正解を答え続けた実験参加者は全体のおよそ25％で，残りの75％は不正解の実験協力者に一度以上同調してしまった。実験参加者が実験協力者に同調して不正解の選択肢を選ぶ確率は，約3分の1で

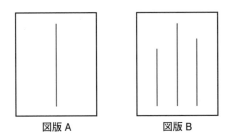

図版A　　　　　図版B

図4.1　アッシュの実験において用いられた刺激（Asch, 1951）

あったという。

　この実験では，自分一人で考えるときは正確な判断ができても，集団の中にいるときは，集団に合わせて誤った判断をしてしまう傾向が示されたのである。

(5) 準拠集団 (reference group)

　人間は，常に自分一人だけで思考や判断を行うわけではなく，自分の周囲の他者を基準にしてそれらを行っている。**準拠集団**とは，自分の意識や態度を決定する際に基準とする集団のことである。アメリカの社会学者マートン (Merton, R. K.) は「中範囲の理論」の一つとしてこの準拠集団論を論じている。

4. 集団の構造と機能

　集団が作られた初期に生じる構造化の一つに，集団内にリーダーとリーダーに従うフォロワーという関係性が生じ，成員メンバーそれぞれにも役割が付与されることがある。さらに成員が増え集団が大きくなると，集団内にいくつかの小さな集団が形成され，その中でもリーダーあるいはサブリーダーといった役割が与えられる人が出てくる。

　これらは不変的なものではなく，相互作用を通じてさまざまに変化することが知られている。

(1) リーダーシップ

　集団にはさまざまな役割の分化が見られるが，リーダーのあり方も大きな要素となる。他のメンバーに対して大きな影響力を持ち，集団を目標の達成に向けて導く存在をリーダーと呼び，集団の行動を方向づけるためのリーダーの働きかけをリーダーシップという。

　リーダーシップに関する初期の研究（〜 1940 年代）は，リーダーの個人的資質に関する研究（特性理論）が主流であった。その先駆的なものが「民主的―専制的リーダーシップ」といわれるもので (Lippitt & White, 1943)，作業の量・質・動機づけ・集団の雰囲気といった要因からリーダーシップスタイルの有効性が検討された。

　しかし，その後，行動理論（1940 〜 1960 年代）研究で，課題や状況などの諸条件により，両者の相対的有効性が明らかにされた。以下に三隅 (1966) の PM 理論を紹介する。

(2) PM 理論

三隅は，課題遂行機能「P（performance）機能」と集団維持機能「M（maintenance）機能」という独立した2つの軸でリーダーシップの類型化を試みた（図 4.2；PM 理論）。

彼はリーダーシップを，両方の機能が強い PM 型，P 機能が強く M 機能が弱い Pm 型（P 型と略記），M 機能が強く P 機能が弱い pM 型（M 型と略記），両機能ともに弱い pm 型の4つに分類した。この中で最も優れていたのが PM 型で，P 行動と M 行動が相乗的に働くことで，能率向上を促す働きかけに対してメンバーの心的抵抗が減じられ，生産性・満足度が最も高いことを示した。

その後，リーダーを取り巻くビジネス環境や部下の人数，スキルなどによって優秀なリーダーになる要因が変わるのではないかという仮説から「条件適合理論」（1960 ～ 1980 年代）の研究が始まった。代表的なものにフィドラー（Fiedler, F. E.）条件即応モデル，ハーシィ（Hersey, P.）とブランチャード（Blanchard, K. H.）の提唱した SL（Situational Leadership）理論（メンバーの成熟度を重視する理論）などがある。

1980 年代からは，この理論をもとにしたコンセプト理論が主流となっていて，変革型リーダーシップ，サーバントリーダーシップなどがよく知られている。

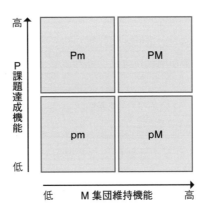

図 4.2　**PM 理論の 4 類型**（三隅，1966）

4.1.2　青年期に見られる友人関係の発達

1.　思春期〜青年期における集団形成とその特徴

　ここでは，ものの考え方やこころのよりどころとなる準拠集団としての仲間関係の発達について，児童期から青年期にかけて見てみることにする。乳幼児期の子どもは，当初は他の子どもと一緒にいても「平行遊び」「独立遊び」が多いが，やがて，幼児期から児童期にかけて子ども同士で遊ぶようになり，これが仲間集団へと発展していく。

　平成21年度全国家庭児童調査結果概要を見ると，小学生になると一人で遊ぶと回答した子どもは1％程度で，ほとんどが2〜3人，4〜5人，もしくは6人以上と答えている。一緒によく遊ぶ友だちの項目を合わせてみると，小学生では同じクラスの子と答えている子どもが最も多く，家の近所の子どもも30％程度見られるが，年齢が上がるにつれ，クラブや部活で一緒の子，前の学校や幼稚園で一緒などの回答が増える。遊ぶ仲間の種類が年齢によって違ってくるが，友だち同士は集団で行動していることがわかる。

　ブロス（Blos, P., 1962）は，精神分析的立場から思春期の心理発達について述べている。彼は，思春期を，前思春期（preadolescence），初期思春期（early adolescence），中期思春期（adolescence proper），後期思春期（late adolescence），後思春期（post adolescence）に分類した。

　青年期への移行期である前思春期以降，成長の加速が心身の平衡を乱し，精神的に不安定になる。思春期になると，「私は誰か？」という自己への問いかけが起こる。この時期は，一次的愛情対象からの分離を繰返し試みる時期で，同性友人の存在との親密な関係が生じ，それまでとは異なる新たな世界へ開かれていくと述べた。

　サリヴァン（Sullivan, H. S.）も，思春期の到来する直前の時期を前思春期と呼び，家族外の同性人物との親密な関係に対する強い欲求が現れ，**チャムシップ**（chum-ship）が結ばれるようになることを示した。さらに，チャムシップにおいて親密性（intimacy）が生じ，この時期に一気に愛の能力が発展すると述べている。

　このチャムシップ関係は，青年期における異性との親密性を形成する基盤と

なるだけでなく，それまでにできた歪みを矯正する働きもある（Mannarino, 1976, 1979; Bachar et al., 1997 など）として重視され，国内でも研究されている（長尾，1997；須藤，2003 など）。また，その後の青年の自己形成のプロセスと深く関与していることが示唆されている。

　ここでは保坂・岡村（1986）の思春期から青年期にかけての友人関係発達論を紹介する。

(1) ギャンググループ（gang-group）

　児童期後半，男児に特徴的なものといわれる同性の集団である。この年齢の頃はギャングエイジ（gang age）と呼ばれる。

　「われわれ意識」という仲間集団への強い忠誠心や凝集性，同調を背景として，集団にのみ通用するルールに従って行動する。承認欲求の対象が親や教師から仲間になることで対人関係も広がる。

　小学生高学年頃から見られるギャンググループを通じて，子どもは協調性，思いやり，責任感，集団での役割を学び，社会的スキルを身につけていく。

(2) チャムグループ（chum-group）

　思春期前半の小学校高学年から中学生頃になると，同性で，同じ興味・関心を持つ者同士が集団を形成する。どちらかというと女児に特徴的に見られる。

　サリヴァンによると，親友，特別に親密な友人同士で互いの共通点を言葉で確認することが特徴で，「私たち同じね」という感覚を持つ。同質性を確認し合うグループで，仲間内で秘密を共有し，誰かを仲間外れにすることで残るメンバーの凝集性を高める。

　ここでは個人の尊重より集団の維持を目的としているため，いじめなどが生じやすい時期といえる。

(3) ピアグループ（peer-group）

　高校生頃の思春期後半になると，互いの価値観や理想・将来の生き方などを語り合う関係ができ，互いに相手の異質性を認め合うグループとなる。グループ内には異性も含まれる。

　個性の違いが一緒にいる意義となる。互いに自立した個人としての違いを認め合う共存状態となり，グループへの出入りも個人の自由意思によるものとな

る。

2. 青年期の集団と個人

　青年期の友人関係の発達においては，活動や物の共有を中心とした関わりを特徴とした児童期から，内的体験の共有，友人に対する忠誠や親密性を中心とした関係に変化することが示された（Damon, 1983）。

　大学生では，それ以前よりも友人関係の質的側面において変化が見られ，心理的な支えとなるべく，より深い内面的なものを期待するようになる（落合・佐藤，1996）。

　一方，こうした変化のプロセスについてエリクソン（Erikson, 1963）は，真の親密性は，青年期のアイデンティティ形成に付随してしかも融合するものであるとし，自分のアイデンティティに確信をもてない場合，すなわち「他人との──また自己の内的な資質との──親密な関係を樹立しない場合」には，

(1) 青年は親密な対人関係からしりごみをする。

(2) 真の融合や真の自己放棄を伴わない親密行為に身をまかせてしまう。

(3) きわめてステレオタイプ化した対人関係で満足してしまい，深い孤独を味わうようになるかもしれない。

と述べ，「親密性」と対をなすものとして「疎遠性」を指摘している。

　このように，青年期の人間関係の変化に注目すると，自己の発達と集団との関わりは切り離せないものであることがわかる。

　西平（1973, 1990）も，青年期は，自分自身に対する関心が高まるとともに，人格的共鳴や同一視をもたらすような深い友人関係を持つことを通して新たな自己概念を獲得し，健康な成熟が促進される時期であると述べている。

4.1.3　現代社会における諸問題

1. 現代の青年と集団

　わが国の近年の青年の友人関係に関する研究において，1980年頃から現代青年の友人関係の希薄化が数多く指摘されている。本来の友人関係が果たす機能について松井（1990）は，「安定化機能」「社会的スキルの学習機能」「モデル機能」という3つの機能をあげている。

臨床上のデータからは，現代青年に特徴的な症候群として「ふれあい恐怖」（山田，1987，1989，2002）などが指摘され，表面的な関係に留まる傾向が見られるという。岡田（1995）は現代青年の希薄な友人関係について，3つのタイプを示した。

(1) 群れ関係群：集団で表面的な面白さを志向する。

(2) 気遣い関係群：友人に気を遣いながら関わる。

(3) 関係回避群：深い関わりを避ける。

　この他，青年期の友人関係を心理的距離と同調という2軸で検討したものや（上野他，1994），友人とのつながり意識の規定するものとして個人志向性・社会指向性という概念を提起した研究（伊藤，1993）も見られる。

　一方，青年期における人間関係を希薄化ととらえるだけでなく，相手の立場，場面によって友人との関係を使い分ける「選択化」の能力だととらえる立場もある（福重，2006；浅野，2006）。

　いずれにせよこれらの研究は，青年自身の背景にある文化社会的状況に影響を受けていることが考えられるため，今後も日本青年の同一性形成過程における文化社会的特徴としての「集団」要因の関与をふまえ，“個”と“集団”の葛藤について検討されることが望まれる。

2. パーソナル・スペースと心理的距離

　パーソナル・スペースは，ソマー（Sommer, R.）によって定義され，ホール（Hall, E. T.）によって分類された「他者の侵入を不快に感じる個人的空間」のことである（**表4.1**）。ソマーは「侵入者が入ることを好ましく思わない個人的な領域。個人の身体を取り囲んでいる目に見えない境界線を持った領域」と定義している。

　パーソナル・スペースの分類は一般的な感覚・常識に基づくものであり，「年齢・性別・性格特性・感受性（緊張感）・文化・環境」などの要因によって大きな個人差が生まれる。

　パーソナル・スペースは原則として「目に見えない心理的な境界」である。それ以上近くまで他人に近寄られると実害がなくても不快感・緊張感・恐怖感を感じるというものであり，対人関係における心理的な距離の感覚ともいえる。

表 4.1　パーソナル・スペースの分類（Hall, 1966）

パーソナル・スペースの距離帯	距離の意味合い
密接距離 （intimate distance, 0 ～ 45cm）	家族・恋人などのごく親しい人だけが接近を許される近い距離。相手の身体に容易に触れることができる距離であるため，知らない相手が密接距離に入ってくると恐怖感・不快感を強く感じる。
個体距離（personal distance, 45 ～ 120cm）	親しい友人・恋人・家族などと普通に会話するときにとる距離。相手の表情がよくわかるような距離である。
社会距離（social distance, 120 ～ 350cm）	知らない相手や公的な改まった場面（ビジネスの関係など）で相手と会話する距離。相手の身体に手で触れることができないので安心できる。
公共距離（public distance, 350cm 以上）	公衆距離と訳されることもある。講演会や公式なレセプションなど，自分と相手との関係が「個人的な関係」ではない「公的な関係」であるときに用いられる距離。

3. 心理的距離

　対人場面における自己と他者の距離には，物理的レベルでの対人距離と，心理的レベルでの**心理的距離**の 2 つがある。前者はパーソナル・スペースという概念で社会心理学を中心に研究されてきたものだが，後者は研究者の間でも概念が多様であり，いまだに明確な定義がなされていない。

　例えば金子（1989）は，心理的距離を「自己が，ある他者との間で，どれほど強く心理的な面でのつながりをもっていると感じ，どれほど強く親密で理解しあった関係をもっていると感じているかの度合い」と定義している。

　青年期の友人関係においては，現実の心理的距離と理想とする心理的距離のズレが生じることで，空虚感や孤独感などさまざまな否定的生活感情を引き起こす可能性があることも示唆されている（坂本・高橋，2009）。

　また，藤井（2001）によると，現代青年は，「近づきたいけれど，自分が傷つくのは嫌だ」「離れたいけれど，相手が寂しい思いをするのは嫌だ」といったジレンマが存在することを示した。

　友人関係における関わり方においても，理想とする関わり方と実際に行っている関わり方にズレがあることが報告されている（岡田，1995）。ここには，本音で付き合いたいけれど，関係が悪化するのではないか，相手を傷つけるの

ではないかというジレンマがあり，行動面に現れている可能性が考えられる。

4. ヤマアラシのジレンマ

　これはまず，哲学者ショーペンハウエルの寓話をもとに，フロイト（Freud, S., 1921）によって距離がなくなるほどにつのる愛と憎しみ，といった相反する感情の葛藤として説明された。

　その後，人間関係，特に二者関係における適切な距離のとり方に関する「近づきたい——離れたい」という葛藤を説明する言葉として発展し，**ヤマアラシのジレンマ（porcupine dilemma）**と命名された（Bellak, L., 1970）。

　ヤマアラシは一匹だと寒いから，他のヤマアラシとくっつこうとする。しかし，くっつくと針が刺さって痛いから離れようとする（くっつけない）。くっつきたいのにくっつけない，離れたいのに離れられない，というジレンマが人間関係に似ているというものである。

　この相手との適度な心理的距離を模索するヤマアラシのジレンマは，「個人と個人の心理的な距離を規制するルール（内的な規範，道徳，礼儀）が失われつつある現代社会において人と人との距離のとり方をめぐる特有のジレンマ」（小此木，1980）である。

　本来，このヤマアラシのジレンマは，実際に相手と関わりを持つ中で生じる「近づきたい——離れたい」というジレンマであったが，現代青年のヤマアラシのジレンマは，深い関わりに入る前の段階で生じているとも指摘されている（藤井，2001）。人間関係の基本は，「社会的存在としての人間」と「独自ある個性としての人間」がぶつかり合うことにあるという。過度に周囲（集団）にくっつき過ぎると独自ある個性としての人間が弱くなり，逆に，過度に個性を主張し過ぎると，社会的存在として機能することが難しくなる。

　現代青年が相手との心理的距離を大きく持つことによって，自分も相手も傷つかないようにする傾向があるといった知見（上野他，1994）はとても興味深い。

4.2 家庭での人間関係

　青年期は，それまで育ってきた家族との適切な関係をあらためて模索する時期である。そこでは，幼少期からの成長過程で養護されてきた両親への精神的依存からの脱却と，自己の判断と責任において行動しようとする姿が見られるようになる。これは，発達心理学では「心理的離乳」，あるいは「第2反抗期」などの概念を用い，さまざまな枠組みから研究されている。

　1980年代後半以降，青年期の長期化が「パラサイト・シングル」や「フリーター」「ニート」などの言葉とともに社会問題となり，社会学，心理学，臨床医学など，多岐にわたる分野で議論されている。一人の青年が，生まれ育った家庭を基盤にして社会の一員として自己を確立していく過程で，乗り越えなければならない多くの課題や葛藤が生じることが予想される。

　ここでは，現代青年の自立に影響を及ぼすと考えられる親子関係や親の養育態度などをふまえ，青年と家族を取り巻く社会状況の変化からその特徴を探っていく。

4.2.1 青年と家庭

1. 家庭とは

　あらためて「家庭とは何か」と問われると，あまりにも身近にあるため答えるのは意外と難しく感じるのではないだろうか。家庭は，ふだん意識されることがないが，人の成長にとってはなくてはならないものである。

　『精選版 日本国語大辞典』によると，家族とは，「夫婦，親子を中核として，血縁・婚姻により結ばれた近親者を含む生活共同体」と定義される。家庭については，『日本大百科全書』によると，「家族を中心とした諸個人の生活空間およびその雰囲気」と定義されている。「家族」が人間の集団性を示す表現であるのに対し，「家庭」は家族が生活する場であるとか，生活のよりどころであるとか拠点であるとかいうように，場所を意味する表現が必ず付帯している。

　青年期では，幼少期より個々の家庭の中で主に両親の価値観に基づいたしつけを通して培われた規範や習慣を切り捨て，自らの意思で選択した新しい規範や考え方に従って行動しようとする。この時期の親子関係の特徴として代表的

なものに,「依存と自立の葛藤」があげられる。

2. 心理的離乳

　青年のこころに生じる「家族の監督から離れ,一人の独立した人間になろうとする衝動」を,ホリングワース(Hollingworth, 1928)は「心理的離乳(psychological weaning)」という言葉によって説明している(1.3.4 参照)。しかしその一方で,青年は心理的にはいまだ未熟な状態にあるため,親離れは子どもの不安をかき立て,親への依存欲求と自立の欲求との間に葛藤が生じ,情緒的混乱を引き起こすことになる。

　青年の心理的自立は多面的に理解する必要があるといわれており,ホフマン(Hoffman, J., 1984)は青年期における自立を4つの側面から記述している(表4.2)。この4側面は互いに関連しているが,必ずしも同時に進行するものではない。例えば,日常生活においては親の援助を必要としていない人,すなわち機能的自立を果たしている人が親に対する子ども時代の不満感や怒りなどを潜在的に持ち続け,葛藤的自立を果たしていないということもある。

　日本の研究の中では,青年期の親子関係を発達的観点から見た西平(1990)が,子の親離れを心理的離乳と呼び,第一次から第三次までの3ステージを想定した。第一次心理的離乳(思春期〜青年期中期)は,子どもが親との依存関係を脱却して,親子の絆を壊そうとすることが中心課題となる時期,第二次心理的離乳(青年期中期〜青年期後期)は,第一次心理的離乳で得られた自律性によって,子どもが親を客観的に見ることでお互いの関係を自覚的に修復し,

表4.2　**青年期における自立の4つの側面**(Hoffman, 1984 に基づき作成)

---

1. **機能的自立**(functional independence)
　両親の援助なしに個人的で実際的な問題を管理し,それに向かうことのできる能力
2. **態度的自立**(attitudinal independence)
　青年と両親との間の態度や価値,信念などに関する分化
3. **感情的自立**(emotional independence)
　両親からの承認,親密さ,一緒にいたい気持ち,感情的なサポートなどの欲求に過度にとらわれていないこと
4. **葛藤的自立**(conflictual independence)
　両親との関係のなかで過度の罪悪感,不安,不信,責任感,抑制,憤り,怒りの感情を抱いていないこと

親子の絆の再生・強化を行うことが課題となる時期，第三次心理的離乳は特別なもので，親子間の葛藤が特に強かった一部の若者が体験する，成長過程において両親のもとで内面化されたモラルや価値観を超越し，本来の自分らしい生き方を確立することである。

3. 第2反抗期

第1反抗期とは，乳幼児期に，親などの重要な他者からの制限や規制に対して反抗が顕著に生じる最初の時期のことで，主に2〜4歳頃とされている。

この時期には，自分自身の身体を使って主体的に行動をとることが顕著になる一方，親からのしつけや干渉も顕著になるため，自分の欲求や感情が思い通りに行動として表現できない。自他の境界が成立し，自我が発達していくとともに，この欲求不満の状態を打破するため，自分の思い通りにしたいという意識が強くなると同時に，親に対する反抗的行動が顕著になる。これが「自我の芽生え」といわれているものである。

一方，**第2反抗期**は，青年が親の権威に従う他律的態度から自律的態度へと向かおうとする自我の成長で，思春期の身体に起きる第二次性徴や心理的離乳の時期に重なるものである。

現実には，認識能力の発達による判断能力の向上と社会的経験の不足という不均衡さから理想主義的傾向が強くなりがちであるが，親に対する見方が変化し，時に親や社会の制度のあり方に強い不満を感じ，批判や嫌悪感を持つことも少なくない。この時期は親子関係をいったん切るように見せながら，再度，別の形で結び替える作業をする時期といえる。

それでは，現在の若者は親子関係をどのようにとらえているのであろうか。2016年，明治安田総合研究所による「親子の関係についての意識と実態に関する調査」で，親1万人，子ども6,000人について調査された「反抗期の時期はいつか」という問いの回答によると，親子・性別を問わず「中学生時代」が最も多く，次いで「高校生時代」となっている。「反抗期と思える時期はなかった」は，親が30％に満たなかったのに対し，子どもは，男性42.6％，女性35.6％が「反抗期がなかった」としている（図4.3）。

図4.3 反抗期の時期はいつか（明治安田総合研究所，2016）

4.2.2 青年と親子関係

1. 近年の親子研究の特徴

人間が生まれてから成長していく中で，社会性や対人関係，パーソナリティなど，多方面にわたって大きな影響を及ぼす要因として親子関係に注目した研究が数多く見られる。村田（1987）によると，レヴィ（Lavy, D. M., 1929）などが親子関係（parent-child relationship）として精神分析理論に基づいて研究を行ったのがその出発点であると考えられている。

その後，シモンズ（Symonds, P. M., 1939）が親の養育態度を「支配―服従」と「保護―拒否」の2軸に分類し，子どもの性格と親の態度との関連性を検討するなど，親の養育態度，養育行動と子どもの性格との関連が組織的に検討されている。

これらの研究は年代によっても特徴が見られ，20世紀前半は精神分析理論，学習理論が優勢であり，人間を外部環境から刺激を受けて変化していくものととらえる傾向が強く，親を「子どもに影響を与える要因」として位置づけ，検討された。

20世紀後半になると乳児研究が盛んとなり，一方的に影響を受ける受動的存在とされていた乳幼児が，自らも働きかけて周囲を変容させていく主体的存在として認知された。そのため親子双方の相互的な影響過程が重視され，「母子相互作用」という言葉が盛んに取り上げられた。

当時，多くの社会・文化の中で養育者としての母親の存在は絶対的なものと

して扱われていたため，研究データを見ても母親の変数を扱うものが圧倒的に多かった。

1970年代になると，ラム（Lamb, M., 1976）の実証研究を皮切りに父親の役割が注目され，わが国でも1980年代以降に父親研究が積極的に行われるようになった。父親研究が始まった当初は，父親がどれだけ育児参加をするかといったような，量的側面が注目されたが，2000年代以降は質的な側面に検討内容が移行していった（加藤他，2002）。

現在，女性の社会進出に伴い，「夫は仕事，妻は家庭・育児」といったような性別役割分業観が薄れつつある中，男女を問わず「親としての発達」（柏木・若松，1994）がさらに注目されている。

2. 親子関係と青年の自立

青年期は家族との距離のとり方にも大きな変化が見られる時期である。近年，「友だち親子」といわれる仲の良い親子が増えているようで，明治安田総合研究所の行った「親子の関係についての意識と実態に関する調査」では，親も子どもも8割程度の親子が自分たちの親子関係を良好と感じている結果が出ている（図4.4，図4.5）。

親子の距離感は近くなっているように思われるが，子どもを理解している自信がないという親も，父親で36.4%，母親でも22.4%という結果を見ると，親世代では同時に不安も抱えているようである（図4.6）。

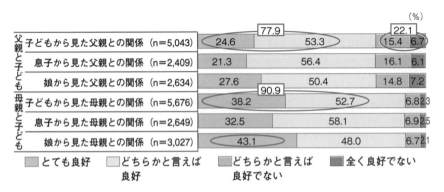

図4.4　**子どもから見た親との関係**（明治安田総合研究所，2016）

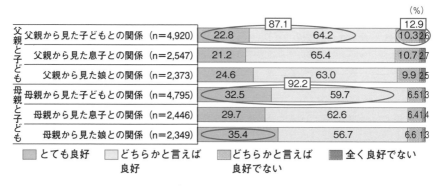

図 4.5　**親から見た子どもとの関係**（明治安田総合研究所，2016）

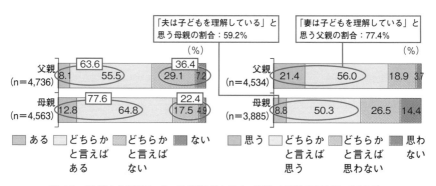

図 4.6　**子どもを理解している自信があるか**（明治安田総合研究所，2016）

　そうした中，成人しても独立しない子どもや，いつまでも自立した成人として子どもを見ることができない親などの問題も浮き彫りにされている。ここでは，親の養育態度が子どもに与える影響についていくつか紹介する。

(1) 親の養育態度のタイプと子どもへの影響

　親の養育態度と子どもの社会的行動の関係を検討した研究は多く見られる。母親の子どもに対する考え方や，直接的な接し方などの養育態度を重視したバウムリンド（Baumrind, D., 1967）は，親の養育態度の構成要因として要求性（demandings）と応答性（responsiveness）の2つの次元からタイプ分けを行った（表4.3）。

表 4.3　バウムリンドによる親の養育態度タイプとその特徴

応答性	要求性	親のタイプ	特徴
高	高	権威ある親の態度	子どもの有能感の形成に関与
高	低	甘やかしの親	一見寛大で肯定的な態度と見なされがち。実際は子どもが自分の欲求や衝動を統制できず親への依存が長引く傾向
低	高	権威主義的な態度	青年期前期の子どもにとっては自分たちを認めようとしない受け入れ難い態度
低	低	放任的な親	子どもに対する無関心，拒否，ネグレクトが見られる

　前者は，「子どもの意思とは関係なく，母親が子どもにとって良いと思う行動を決定し，それを強制する行動」であり，後者は，「子どもの意図・欲求に気づき，愛情のある言語や身体的表現を用いて，子どもの意図をできる限り充足させようとする行動」である。この 2 つの次元の組合せにより親のタイプとその特徴が示された。

(2)　母娘関係の特徴

　マーラー（Mahler, M., 1975）は，生後 4 カ月から 3 歳の間に，乳幼児が母親と未分化な存在から一個の独立した存在であると認識する過程を，「分離—個体化期」と呼び，ブロス（Blos, P., 1962）はこれを青年期に対応させ，「第 2 の分離—個体化期」を提唱した。

　「第 2 の分離—個体化期」とは青年が親から独立する過程であるが，親子間の発達的様相には男女差が認められるという。渡辺（1994）は青年期後期の母親と娘の関係をとりわけ親密で依存的なものであるとし，女性は親との距離の近さを保ちながら自立していくものと考えられている。

　斎藤（2008）によると，娘がアイデンティティを形成する上で母親との同一化は欠かせない過程であるが，それ以上に重要なのが差異化の過程である。男子と比較して女子のほうが母親に対する同一化を脱することが困難で，母娘の境界が曖昧になりやすく，心理的に分離することが困難であると述べている。

　先の調査においても，不満や悩みの相談相手について聞かれると，親の子ども時代に比べると，特に女性は「母親」と答える割合が高くなっていることに

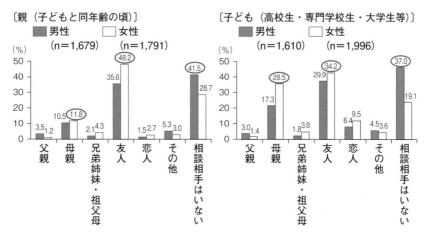

図 4.7　**不満や悩み事の主な相談相手**（明治安田総合研究所，2016）
親は，高校生・専門学校生・大学生等の子を持つ親。

も現れている（図 4.7）。

(3) 親子関係と父母関係の関連性

　岡堂（1991）は，子どもが巣立つ時期における家族への支援は，親子間だけでなく，父母間の結びつきを含んだ家族全体の関係性の調整が重要であることを指摘している。父母関係と親子関係との関連性を示す理論として，スピルオーバー仮説と補償仮説（Engfer, 1988）がある。

①スピルオーバー仮説

　父母関係が良好（否定）的になれば，親子関係も良好（否定）的になるというもの。

②補 償 仮 説

　夫婦関係が悪くなれば必ずしも親子関係が悪くなるわけではなく，夫婦関係において十分な欲求の充足が得られない場合に，親が子どもとの関係においてそれを補おうとする働きについて論じている。しかしこれらの仮説に基づく実証的な研究からは，必ずしも一致した知見は得られていない。

(4) 親自身の被養育体験

　親自身の被養育体験がどの程度子どもに対する態度や行動に影響を及ぼして

いるのかは，愛着理論の枠組みの中で検討されている。人は養育者との関係の中で自己と他者の関係性についての一般的な表象（内的ワーキングモデル）を形成し，それを通して対人関係を予測したり行動したりする（Bowlby, 1973）。

　子どもの行動の解釈やそれに対する反応もこの内的ワーキングモデルを通して行われるため，理論的には親子の間に，親とその親（祖父母世代）に似た関係が形成され，子どもの愛着スタイルを規定し内的ワーキングモデルとして再生されると考えられる。

　しかしながら親のワーキングモデルが即座に子どもの愛着，対人関係を規定すると結論づけることは性急である。

3.　自立に向けての課題

　1970年以降，青年期から成人期に至るまでの「成人期への移行」が長期化したことで「ポスト青年期」という新たなライフステージが誕生した（宮本・岩上・山田，1997）。近年，高学歴化・晩婚化という社会的背景により親からの経済的支援や心理的支援を受ける期間が長期化している。そこには親の愛情の証として親から子への一方的な援助が増大する反面，子の役割，責任は問われないという関係が生じているため，親が子に自立した大人として生きていく力を与えることができていないのではないかとの指摘もある。

　さらに，少子化，非婚化，親の長寿化や親子の同居願望，若者の生活志向や住宅事情などが，親子双方に相互依存関係をもたらしている（平石，2006）。

　先にも紹介した「親子の関係についての意識と実態に関する調査」でも，親と同居している社会人の子どもに，親といつまで同居したいかを尋ねた。また，子どもと同じ年齢の頃に自身の親と同居していた親（社会人の子どもを持つ親のみ）にも当時いつまで同居したいと考えていたかを尋ねた（図4.8）。

　その結果，「できるだけ早く独立したい（したかった）」は，子ども世代は25.2％で親世代（自分が子どもと同年齢の頃を思い出して回答）の18.3％よりも6.9ポイント高く，「経済的に自立できるようになるまで」は，子どもは32.5％で親の13.0％よりも19.5ポイント高くなっている。

　「結婚するまで」は，子どもは31.2％で親の57.1％よりも25.9ポイント低い。男女別には，親も子どもも女性が「結婚するまで」が高くなっている。「いつ

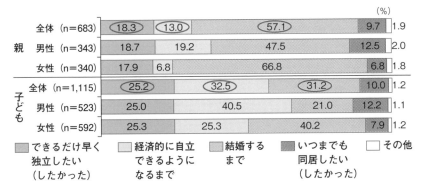

図4.8　親といつまで同居したいか（同居したいと考えていたか）
(明治安田総合研究所，2016)

親は，子どもと同年齢の頃に親と同居していた人（社会人の子どもを持つ親のみ）。子どもは親と同居している社会人。

までも同居したい（したかった）」は親と子どもで差がない。

　親は，家を出る理由は「結婚」が大多数であったのに対し，子どもは，「早い独立」「経済的自立」「結婚」が拮抗しており，経済観や家族・結婚観の変化がうかがわれる。

　その一方で，社会人になっても親元を離れず親に依存し続ける「パラサイト・シングル」（山田，1999），ひきこもりやニートの増加といった深刻な社会問題の背景に見られる家庭における子どもの社会化を促す機能の弱体化（宮本，2004），「一卵性母娘」と呼ばれる仲良し母娘において互いの依存関係が強まることでさまざまな問題を抱えてしまうケースも見られる（信田，2003）。

　「青年が親（親子関係）をどのように認知しているか」ということは非常に重要であるが，社会情勢の変化によっても影響を受けるため，どのように親との関係に一つの区切りをつけるのかということが青年期の発達的課題の主要なテーマとなる。

4.3　学校での人間関係

　青年期の若者の多くは，生活する中で多くの時間を「学校」に費やしている。精神的な未熟さは青年たちを学校生活においても困惑させ，多くの問題が「学校」生活に関係する文脈から起き，その問題の深刻さは当人のみならず社会にも困惑をもたらしている。

　「不登校」「いじめ」「校内暴力」などの問題は，今始まったものではないにしても，重大な事案が発生すると社会からの関心を引くことになる。ここでは学校に関わるさまざまな問題を通して，青年期の心理について探っていく。

4.3.1　青年と学校

1. 青年と教育

　わが国は高学歴社会である。2017（平成29）年度学校基本調査の高等学校卒業者の進学率（過年度卒含む）を見ると，大学・短大進学率は57.3%，専門学校進学率は22.4%で，高等教育機関進学率は80%を超え過去最高である。学校生活や学業が青年に重要な影響を与えることは想像に難くない（図4.9）。

　高い学歴水準は経済大国であるわが国の根幹を支えるものである一方，長期間にわたる学校生活がさまざまな社会病理現象を生み出している。以下，こうした社会病理現象に焦点を当てながら学校をめぐる諸問題を考えていく。

2. 高等教育機関への進学率の推移

　文部科学省の平成30年学校基本調査によると，高等学校等への進学率は着実に向上し，1974（昭和49）年度に90%を超え，近年はほぼ97%以上という高水準を示している。高等学校等進学率（全卒業者数のうち高等学校等進学者の占める比率）は98.8%（男子98.6%，女子99.0%）となっている。

　一方，大学・短大への進学率は1976（昭和51）年度の38.6%がピークとなり，それ以降やや下降傾向にあったが，1991（平成3）年度から再度上昇していくこととなる。2018（平成30）年の大学等進学率（全卒業者数のうち大学等進学者の占める比率）は54.7%（男子51.8%，女子57.7%）であった。

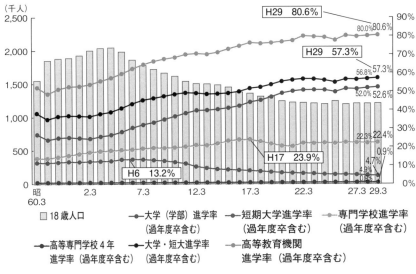

（注）　1　高等教育機関進学率（就学率）
（過年度卒を含む）　＝　大学・短期大学入学者，高等専門学校4年在学者及び専門学校入学者
18歳人口（3年前の中学校卒業者及び中等教育学校前期課程修了者）

　　　　2　大学（学部）進学率（就学率）
（過年度卒を含む）　＝　大学（学部）の入学者
18歳人口（3年前の中学校卒業者及び中等教育学校前期課程修了者）

図 4.9　過年度卒業生を含めた進学率（就学率）の推移
（文部科学省，2017「平成 29 年度学校基本調査報告書」）

3. 学校での諸問題の変遷

　戦後，新教育制度の骨組となり教育改革を具体化したものは，1947（昭和22）年 3 月に制定された「学校教育法」である。従来，学校の種類ごとに学校令が定められていたのを，幼稚園から大学までを含めて単一化し，法律として定めた。内容面の特色は教育の機会均等の実現であり，学制の単純化である。

　この新学制は，6 年制の小学校に続く中等教育を 3 年制の中学校と 3 年制の高等学校に，同時に高等教育機関を 4 年制の大学に一本化し，大学の門戸をすべての高等学校卒業生に開放する，徹底した民主的な学校体系となった。また，3 年制の中学校を含めて義務教育を 9 年に延長し，すべての中学校は職業分化のない普通教育の場となり，国民基礎教育の向上充実が図られた。

　他方で，日本の教育はさまざまな問題にも直面した。過度の画一性，児童や生徒の行動に過剰な統制を強いる管理の強化が問題とされ，有名高校や一流大

学への入学を目指す受験競争の激化が，子どもやその親たちに大きな心理的ストレスを与えた。

1970（昭和45）年に来日した経済協力開発機構（Organization for Economic Co-operation and Development: OECD）の日本教育調査団の報告書は，日本の厳しい入試競争が初等・中等教育に「ゆがみ」をもたらしていると指摘した。そこでは，学校の授業についていけない子ども，いわゆる「落ちこぼれ」の増加等が指摘されていた。学校での勉強を補完するため多くの子どもが「塾」と呼ばれる民間の補習教育機関に通った。また，校内暴力，青少年非行，青少年の自殺，シンナー等の薬物依存などの問題の深刻化も指摘されるようになった。

1990年代になると，「個性重視の原則」「基礎・基本の重視」「大学設置基準の大綱化や学習指導要領の基準の見直し」などの教育改革が行われ，「生きる力」と「ゆとり」が教育改革を論ずる際のキーワードとなり，総合的な学習の時間が創設された。

2002（平成14）年から，新しい学習指導要領と完全学校週5日制が実施されることになった。こうした大転換期において，国民の間ではそれまでの価値観が揺らぎ，自信の喪失とモラルの低下という悪循環が生じた。

また，物質的な豊かさの中で子どもたちはひ弱になり，明確な将来の夢や目標を描けぬまま次第に規範意識や学ぶ意欲を低下させ，青少年の凶悪犯罪の増加や学力の低下が懸念された。そして，いじめ，不登校，中途退学，学級崩壊などの深刻な危機に直面した。

こうして，1980年度からの「ゆとり教育」による学力低下が問題となり，2008年2月，文部科学省は中央教育審議会の答申に沿い，授業数の増加を盛り込んだ学習指導要領改訂案を発表し，ゆとり教育からの転換（脱ゆとり教育）が図られた。文部科学省によると，2011年から施行された学習指導要領では，「生きる力」を育むため，基礎的・基本的な知識や技能の習得に加え，思考力・判断力・表現力の育成を重視した。具体的には理数教科を中心に授業時間の増加，小学校での外国語教育・プログラミングの導入や「アクティブ・ラーニング」の導入などである。

4.3.2　学校不適応

1. 学校不適応とは

　学校不適応とは，学校場面への適応の困難さを示し，不登校，いじめ，緘黙，学級崩壊など，広く学校内での集団不適応や学業不適応の問題を包括するものである。

　各学校においては，学校不適応の改善に対する対応や支援を行っているものの，依然として，小1プロブレム，中1ギャップ，高1クライシスといった学校種が変わるときの不適応や，発達上の課題，コミュニケーション能力の乏しさや人間関係上のトラブル，家庭の学校に対する考え方の多様化など，さまざまな要素が複雑に絡み合い，学校に適応できない児童生徒が増えている実態がある。

　こうした中，ある者は不登校となり，また，登校しているものの集団活動に参加できず保健室や別室登校，あるいは，教育支援センター等への通所など，さまざまな居場所で支援を求めている児童生徒も少なくない。

(1) 小1プロブレム

　近年の子どもの育ちについては，基本的な生活習慣が身についていない，他者との関わりが苦手である，自制心や耐性，規範意識が十分に育っていないなどの課題が指摘されている。

　小学校1年生などの教室において，学習に集中できない，教員の話が聞けずに授業が成立しないといった問題がある（文部科学省，2010a）。これがいわゆる小1プロブレムである。こうした問題をふまえ，幼児期から児童期における3つの自立，「学びの自立」「生活上の自立」「精神的な自立」と，生涯にわたる学習基盤の形成，すなわち「基礎的な知識・技能」「課題解決のために必要な思考力，判断力，表現力等」「主体的に学習に取り組む態度」の育成の重要性が示されている。

(2) 中1ギャップ

　児童が，小学校から中学校への進学において，新しい環境での学習や生活へ移行する段階で，不登校等が増加するなどの問題を中1ギャップという。各種調査によると，中学1年生になったとき，以下のような実態が明らかにされ

ている。

① 「授業の理解度」「学校の楽しさ」「教科や活動の時間の好き嫌い」について，中学生になると肯定的回答をする生徒の割合が下がる傾向にある[*6]。

② 「学習上の悩み」として「上手な勉強の仕方がわからない」と回答する児童生徒数の増加[*7]。

③ 暴力行為の加害児童生徒数，いじめの認知件数，不登校児童生徒数の大幅な増加[*8]。

　こうした問題の背景にあると考えられることとして，学習指導面に関して，小学校では学級担任制であるのに対し，中学校では教科担任制（授業形態の違い）である各児童生徒の小学校時点における学習上の課題を中学校と十分共有されていない（学習上の課題の共有）といった違いや課題があること，また，生徒指導面に関しては，各児童生徒の小学校時点における生徒指導上の課題が中学校と十分に共有されていない（生徒指導上の課題の共有），中学校では小学校と比較して生徒に課せられる規則が多く，中学校においては，小学校よりも規則に基づいたより厳しい生徒指導がなされる傾向にあること（生徒指導の方法の違い）などがあげられる。

(3) 高 1 クライシス

　高 1 クライシスは，高等学校進学後，学習や生活面での大きな環境変化に適応できず，不登校に陥ったり，退学したりする現象である。高校では新たな環境に身を置くことが多くなる。そのため，それまでの人的つながりが切れてしまい，まったく新しく人間関係を構築することが求められる。

　しかし，ここでうまく適応できず，精神的に不安定になったり，心身の健康を害したり，いじめの標的になって不登校に陥ることもある。また，中学では学習面・運動面で，他の人より優れていると自負していたものが，高校に入っ

[*6] 「学校教育に関する意識調査」（文部科学省，2003），「義務教育に関する意識調査」（ベネッセ教育研究開発センター，2005）より。

[*7] 「第 4 回学習基本調査」（ベネッセ教育研究開発センター，2007）より。

[*8] 「平成 22 年度児童生徒の問題行動等生徒指導上の諸問題に関する調査」（文部科学省，2010b）より。

てみるとさほどではなかったことに気づかされることも多い。こうした自信の喪失も，高1クライシスに陥るきっかけとなる。

(4) 受 験 競 争

　企業・官公庁における採用や昇進のあり方が学歴偏重社会の一つの大きな要因となり，過度の受験競争を助長してきた。親が子どもに希望する学歴は「大卒以上」が男子・女子ともに70％前後という高い数値を示し，特に大卒の父親・母親ではそれぞれ80～90％と高い数値が見られる（図4.10）。

　塾通いの増加や受験競争の低年齢化に象徴されるように，大学・高等学校をめぐる受験競争は，多くの子どもや親たちを巻き込みつつ，一部の小学生へも波及し，かえって厳しくなっているのが現状である。

　過度の受験競争は，子どもたちの生活を多忙なものとし，こころの「ゆとり」を奪う大きな要因となっている。子どもたちは，過度の受験勉強に神経をすり減らされ，青少年期にこそ経験することが望まれるさまざまな生活体験，

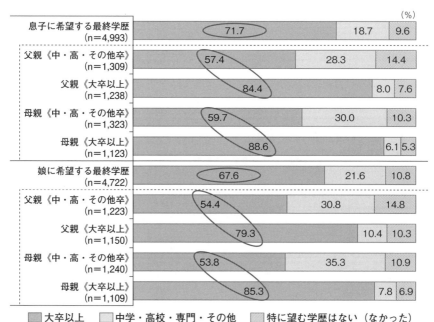

図4.10　**親が子どもに希望する最終学歴**（明治安田総合研究所，2016）

社会体験，自然体験の機会を十分に持つことができず，精神的に豊かな生活を行うことが困難となっている現状がある。小学生の子どもたちなどが，夜遅くまで塾に通うといった事態は，子どもの人間形成にとって望ましいとは言い難いものである。

2. 校内暴力

1970年代末期から1980年代にかけて中学校（および一部高校）に吹き荒れた校内暴力は社会問題として注目されるようになり，暴力事件数もピークを迎えた。1985年頃を境に沈静化する一方で，学級崩壊やそれまでなかったタイプのいじめの急増など，新たな問題が見られるようになった。

1990年代に入ると，各学校での授業（学級）の崩壊や児童・生徒の学力の

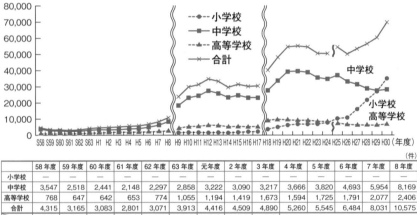

（件）

	58年度	59年度	60年度	61年度	62年度	63年度	元年度	2年度	3年度	4年度	5年度	6年度	7年度	8年度
小学校	—	—	—	—	—	—	—	—	—	—	—	—	—	—
中学校	3,547	2,518	2,441	2,148	2,297	2,858	3,222	3,090	3,217	3,666	3,820	4,693	5,954	8,169
高等学校	768	647	642	653	774	1,055	1,194	1,419	1,673	1,594	1,725	1,791	2,077	2,406
合計	4,315	3,165	3,083	2,801	3,071	3,913	4,416	4,509	4,890	5,260	5,545	6,484	8,031	10,575

	9年度	10年度	11年度	12年度	13年度	14年度	15年度	16年度	17年度
小学校	1,304	1,528	1,509	1,331	1,465	1,253	1,600	1,890	2,018
中学校	18,209	22,991	24,246	27,293	25,769	23,199	24,463	23,110	23,115
高等学校	4,108	5,152	5,300	5,971	5,896	5,002	5,022	5,150	
合計	23,621	29,671	31,055	34,595	33,130	29,454	31,278	30,022	30,283

	18年度	19年度	20年度	21年度	22年度	23年度	24年度
小学校	3,494	4,807	5,996	6,600	6,579	6,646	7,542
中学校	27,540	33,525	39,161	39,382	38,705	35,411	34,528
高等学校	8,985	9,603	9,221	8,926	9,010	8,312	8,195
合計	40,019	47,935	54,378	54,908	54,294	50,369	50,265

	25年度	26年度	27年度	28年度	29年度	30年度
小学校	10,078	10,609	15,870	21,605	26,864	34,867
中学校	36,869	32,986	31,274	28,690	27,389	28,089
高等学校	7,280	6,392	6,111	5,955	5,944	6,674
合計	54,227	49,987	53,255	56,250	60,197	69,630

（注1）平成8年度までは，公立中・高等学校を対象として，「校内暴力」の状況について調査している。
（注2）平成9年度からは調査方法等を改めている。
（注3）平成9年度からは公立小学校，平成18年度からは国私立学校も調査。
（注4）平成25年度からは高等学校に通信制課程を含める。
（注5）小学校には義務教育学校前期課程，中学校には義務教育学校後期課程及び中等教育学校前期課程，高等学校には中等教育学校後期課程を含める。

図4.11　学校管理下・管理下以外における暴力行為発生件数の推移（文部科学省，2019「平成30年度児童生徒の問題行動・不登校等生徒指導上の諸課題に関する調査」）

差が問題視されるようになり，ゆとり教育論につながっていった。2000年代後半においては小中学校での校内暴力が増加し，モンスターチルドレンという新たな問題が発生した。

平成30（2018）年の暴力行為発生件数は小・中・高等学校合わせて6万9,630件，児童生徒1,000人当たりの発生件数は5.5件であり，近年小学校における暴力行為の発生が上昇傾向にある（図4.11）。

3. 不 登 校

小学生，中学生の**不登校**児童数は，1991（平成3）年の6.6万人から，1997（平成9）年には10万人を超え，1998（平成10）年以降は12〜13万人で推移していた。2010（平成22）年から数年間は微減し11万人台であったが，その後再び増加に転じた。「平成30年度児童生徒の問題行動等生徒指導上の諸問題に関する調査」（文部科学省，2019）によると，小・中学校における不登校児童生徒は16万4,528人（平成29年度14万4,031人）で，前年度より約2万人増加している。また，高等学校における不登校生徒数は5万2,723人（平成29年度4万9,643人）で，前年度より約3,000人増加している（図4.12）。

文部科学省は，1998年度以降，「不登校とは，『何らかの心理的，情緒的，身体的，あるいは社会的要因・背景により，児童生徒が登校しないあるいはしたくてもできない状況にあること（ただし，「病気」や「経済的な理由」によ

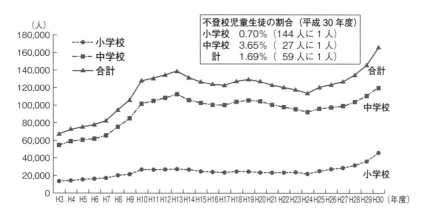

図4.12　**小学生，中学生の不登校児童数の推移**（文部科学省，2019
「平成30年度児童生徒の問題行動・不登校等生徒指導上の諸課題に関する調査」）

るものを除く）』をいう。」とした。また，不登校が継続する理由にある時期から変化が見られた。1960年代の頃は，学校に行けないことに対する不安や過剰な適応努力の結果，過度の心理的圧迫を感じる傾向が強かったことから，登校刺激を避け，葛藤回避，主体性を育むアプローチ（滝川，2005）が主流となった。

しかしながら，2003（平成15）年の「不登校問題に関する調査研究協力者会議報告調査」からわかったことは，学校へ行かないことに何らかの心理的負担を感じない者が相当数いるということであった。そこで新たな不登校に対する基本的な考え方が示された。

(1) 将来の社会的自立に向けた支援の視点

不登校を「心の問題」としてのみとらえるのではなく，「進路の問題」としてとらえ，指導・相談や学習支援・情報提供等を積極的に行う。

(2) 連携ネットワークによる支援

不登校の児童生徒の十分なアセスメント，適切な機関による適切な支援の提供を行う。

(3) 将来の社会的自立のための学校教育の意義・役割

義務教育の意義を明確化し，「確かな学力」や基本的な生活習慣，規範意識，集団における社会性等，社会の構成員として必要な資質や能力等をそれぞれの発達段階に応じて育成する。

(4) 働きかけることや関わりを持つことの重要性

児童生徒の立ち直る力を信じて待つだけでは不十分である。アセスメントと適切な支援を提供することが重要である。

(5) 保護者の役割と家庭への支援

時期を失することなく保護者を支援し，児童生徒本人と家庭への適切な働きかけや支援を提供することによって学校と家庭，関係機関の連携を図る。

4. いじめ

「いじめ」とは，「児童生徒に対して，当該児童生徒が在籍する学校に在籍している等当該児童生徒と一定の人的関係のある他の児童生徒が行う心理的又は物理的な影響を与える行為（インターネットを通じて行われるものも含む。）

であって，当該行為の対象となった児童生徒が心身の苦痛を感じているもの。」とされ，これらが起こった場所は学校の内外を問わない。いじめ防止対策推進法の施行に伴い，2013（平成25）年度からこのように定義された。

文部科学省の調査によると，2018（平成30）年度，全国の国公私立の小・中・高等学校および特別支援学校におけるいじめの認知件数は54万3,933件，いじめを認知した学校数は3万49校で学校総数に占める割合は約80.8％となっている（図4.13）。

子どもはどれほどいじめに直面しているのか，実際にいじめを受けた経験を

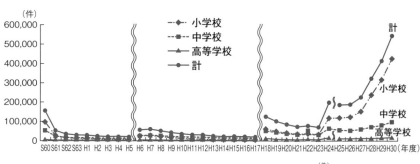

	60年度	61年度	62年度	63年度	元年度	2年度	3年度	4年度	5年度
小学校	96,457	26,306	15,727	12,122	11,350	9,035	7,718	7,300	6,390
中学校	52,891	23,690	16,796	15,452	15,215	13,121	11,922	13,632	12,817
高等学校	5,718	2,614	2,544	2,212	2,523	2,152	2,422	2,326	2,391
計	155,066	52,610	35,067	29,786	29,088	24,308	22,062	23,258	21,598

	6年度	7年度	8年度	9年度	10年度	11年度	12年度	13年度	14年度	15年度	16年度	17年度
小学校	25,295	26,614	21,733	16,294	12,858	9,462	9,114	6,206	5,659	6,051	5,551	5,087
中学校	26,828	29,069	25,862	23,234	20,801	19,383	19,371	16,635	14,562	15,159	13,915	12,794
高等学校	4,253	4,184	3,771	3,103	2,576	2,391	2,327	2,119	1,906	2,070	2,121	2,191
特殊教育諸学校	225	229	178	159	161	123	106	77	78	71	84	71
計	56,601	60,096	51,544	42,790	36,396	31,359	30,918	25,037	22,205	23,351	21,671	20,143

	18年度	19年度	20年度	21年度	22年度	23年度	24年度
小学校	60,897	48,896	40,807	34,766	36,909	33,124	117,384
中学校	51,310	43,505	36,795	32,111	33,323	30,749	63,634
高等学校	12,307	8,355	6,737	5,642	7,018	6,020	16,274
特別支援学校 （特殊教育諸学校）	384	341	309	259	380	338	817
計	124,898	101,097	84,648	72,778	77,630	70,231	198,109

	25年度	26年度	27年度	28年度	29年度	30年度
小学校	118,748	122,734	151,692	237,256	317,121	425,844
中学校	55,248	52,971	59,502	71,309	80,424	97,704
高等学校	11,039	11,404	12,664	12,874	14,789	17,709
特別支援学校	768	963	1,274	1,704	2,044	2,676
計	185,803	188,072	225,132	323,143	414,378	543,933

（注1）平成5年度までは公立小・中・高等学校を調査。平成6年度からは特殊教育諸学校，平成18年度からは国私立学校を含める。
（注2）平成6年度及び平成18年度に調査方法等を改めている。
（注3）平成17年度までは発生件数，平成18年度からは認知件数。
（注4）平成25年度からは高等学校に通信制課程を含める。
（注5）小学校には義務教育学校前期課程，中学校には義務教育学校後期課程及び中等教育学校前期課程，高等学校には中等教育学校後期課程を含む。

図4.13　いじめの認知（発生）件数の推移（文部科学省，2019「平成30年度児童生徒の問題行動・不登校等生徒指導上の諸課題に関する調査」）

尋ねた調査では，「いじめを受けたことがある」人は，約半数の46.0％にもなる。年代別では，いじめの件数は男女ともに10代後半が一番低くなるが，年齢が上がるにつれていじめられた経験がある人の割合が高くなっており，特に20代後半の女性では54.6％にも達している。いじめの問題への対応は学校における最重要課題の一つであり，一人の教職員が抱え込むのではなく，学校が一丸となって組織的に対応すること，関係機関や地域の力も積極的に取り込むことが必要であるとしている。いじめの認知件数は2012（平成24）年度以降急激に増加し，暴力行為は2018（平成30）年度には7万件を超えている。小学生による暴力行為が増加するなど，児童生徒の問題行動は依然憂慮される状況で，特に携帯電話を使ったいじめや犯罪など，携帯電話をめぐる多くの問題が指摘されている。

4.4　恋愛と結婚——異性関係の発達

　思春期に入ると，親や友だちと異なる自分独自の内面の世界があることに気づくことで，自意識と客観的事実との違いに悩み，さまざまな葛藤の中で自らの生き方を模索し始める。そして大人との関係よりも，友人関係に自らへの強い意味を見出す。さらに，親に対する反抗的な態度が見られたり，親子のコミュニケーションが不足しがちな時期でもあり，思春期特有の課題が現れる。仲間同士の評価を強く意識する反面，他者との交流に消極的な傾向が見られる。また一方で，性意識が高まり，異性への興味関心が高まる時期でもある。

4.4.1　セクシャリティ

1. 性同一性の問題

　身体的変化への適応に加え，青年は成人の役割を受け入れていく必要がある。また時に非常に強く，時に怖いほどの性衝動と向き合うことになる。青年の中には性同一性の問題を抱える者もおり，自分の性的指向を友人または家族に明かすことを恐れる。同性愛の青年は，**セクシャリティ**が発達するにつれて特有の問題に直面する。彼がもし同性愛的な欲求を示せば，家族や友人に避けられ

たり，受け入れられなかったりするのではないかと考え思い悩む。そうした社会的圧力は重度のストレスを引き起こす。

2.「性的指向」「性自認」

　LGBTとは図4.14に示す語の頭文字をとって組み合わせたもので，性的少数者（セクシャルマイノリティ）を表す言葉の一つとして使われる。電通ダイバーシティ・ラボが実施した「LGBT調査2015」によると，LGBTの人口規模は，約8％であったという。

　LGBT当事者の中には，性的指向や性自認をカミングアウトすることによって「自分を偽ることなく生きたい」と思っている人が数多くいる。しかし，「カミングアウトすると，これまでの人間関係が崩壊してしまうのではないだろうか」「友人や職場の同僚から否定的な反応が返ってくるのではないだろうか」と悩んで，カミングアウトできない人たちも多い（表4.4）。

　LGBT当事者がカミングアウトしやすい職場環境を作ることは生産性を高め

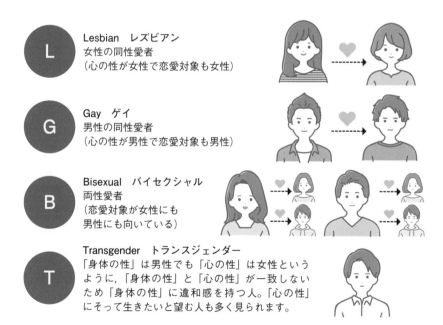

図 4.14　**法務省人権擁護局「多様な性について考えよう～性志向と性自認～」**
（公益財団法人人権教育啓発推進センター，2017）

表 4.4　**LGBT が抱える困難例**（LGBT 法連合会，2015 を基に作成）

子供・教育	学校で「男のくせに」「気持ち悪い」「ホモ」「おかま」「レズ」などと侮蔑的な言葉を投げかけられ，自尊感情が深く傷つけられた。
	性的指向について，教員や同級生がおかしいものと話したり，「うちの学校にはいない」と言われ，何も言い返すことができなかった。
就労	就職活動の際，結婚などの話題から性的指向や性自認をカミングアウトしたところ，面接を打ち切られた。
	職場での昇進・昇格に結婚要件があったため，同性パートナーがいたのにもかかわらず昇進・昇格できなかった。
医療	認知症・意識不明状態のパートナーが入院したが，病院・医師から安否情報の提供や治療内容の説明を受けられず，面会もできなかった。
	医療機関の受付では戸籍上の名前で呼ばれるため，受診しづらくなった。
公共サービス・社会保障	高齢者向けの施設において，男女分けで施設が運営されているため，性別違和を抱える社会保障当事者の意向を伝えても考慮されず，戸籍の性で分類され，精神的な負担が大きかった。
	同性パートナーと公営住宅への入居を申し込もうとしたが，同居親族に当たらないことを理由に拒否された。

ることにつながるという指摘もあるが，LGBT や典型的ではない性別表現を嘲笑し，からかいの会話が日常的にある環境では，カミングアウトすることは現実的に難しいという。法務省人権擁護局のホームページなどでは，セクシャルマイノリティ理解推進・啓発事業を推進している。

4.4.2　男女交際と性行動

1. 性意識の変化

　1974 年から 2011 年まで，およそ 6 年間隔で実施されている「青少年の性行動全国調査」では，主要な性経験としてデート経験・キス経験・性交経験が取り上げられ，この 40 年の間にどのような変化が起こったかを示している（図 4.15）。

　第一に，キス経験や性交経験は大学生を中心に 1970 年代から 80 年代に経験する者が増えてきたが，1990 年代以降，とりわけ大学生男子で性行動経験率の上昇に歯止めがかかる傾向が見られる。その一方で，大学生女子は経験率の伸びが見られ性差が消滅した。そして 2010 年代に入ると，大学生の男女とも

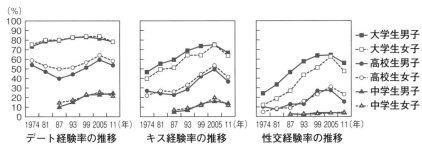

図 4.15　青年の性行動の推移（第 7 回「青少年の性行動全国調査報告」より）

にいずれの性行動経験者も減少傾向が顕著という結果が得られている。

　第二に，中高校生に関して，1970 年代から 1980 年代にかけては性行動の活発化現象は見られなかったが，1990 年代に入ると，高校生のデート・キス・性交経験，中学生のデート・キス経験を中心に経験率の大幅な上昇が見られ，1990 年代以降，性行動の活発化が生じている。ところが，大学生と同様に 2011 年には高校生において性行動の経験率低下傾向が見られた。

　第三には，中高生の性行動における男女差に注目すると，1999 年から 2005 年にかけて，高校生のキス経験率や性交経験率で女子が男子を上回る兆しが見られ，1990 年以降の性行動の低年齢化が女子によって担われている傾向がうかがえた。また，2011 年ではすべての層で低下傾向が見られるが，高校生では，あいかわらず女子の性行動がより活発化している。

2.　性行動の日常化

　性行動が低年齢化，活発化する一方で，性別役割意識や性的場面における男女の関係性の保守性が持続していることもふまえると，「性」を特別視したり，隠ぺいしたりする必要のない経験として「青少年の日常生活の中に組み込まれつつある」もの（原，2001）として認識されているため，性的関心をもったことがある経験も低下する（**図 4.16**）という性行動の日常化が生じている可能性が示唆された。

3.　性行動の分極化

　青年のうち，携帯メールを頻繁に使う対人的コミュニケーションが活発な層では性行動も活発化しており，コミュニケーションが不活発で携帯メールをそ

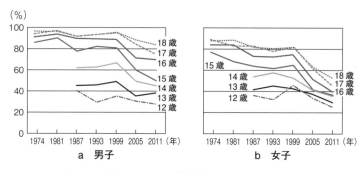

図 4.16　**各年齢における性的関心の経験率の推移**
（第7回「青少年の性行動全国調査報告」より）

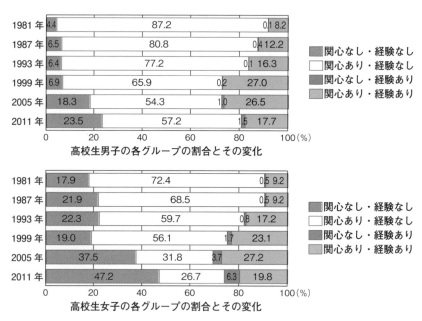

図 4.17　**高校生男女別性的関心の有無と性行動経験の有無の年次推移**
（第7回「青少年の性行動全国調査報告」より）

れほど利用しない層ではむしろ性行動の経験率が低下している可能性が高い。

　高橋（2007）は，1990年代以降，性的関心と性交経験の組合せから，性的
関心も性交経験もある高校生と，性的関心も性交経験もない高校生への分極化

が進行している可能性を示唆している。実際に，高校生の男女の性に対する態度を性的関心のあり・なしと性行動経験のあり・なしから調査した結果では，図4.17のような結果となっている。

高校生の男女とも，関心なし・経験なし群と関心あり・経験あり群の割合が高まっている。その一方で関心あり・経験なし群の割合が低下していることからもその二極化が生じている可能性が示唆されている。

4. 草食系男子

2000年代後半から，恋愛や性行動に消極的な若年男性を指して，「草食男子」（深澤，2007）や「草食系男子」（森岡，2008）といった表現が使われるようになった。これは，従来の「男らしさ」に拘束されず，対等な女性観を持つために，女性との関係を性的欲望で壊すことを嫌う男性を意味していた（森岡，2011）が，それが拡大解釈され，恋愛だけでなく，労働や消費にも意欲を失った無気力な青年男性をイメージさせた。高橋（2010）は「草食系男子」という言説は，女子が男子に身体的，社会的に庇護される必要がなくなり，男子に対しても情緒的な癒しを求める時代の産物であると結論づけている。実際に，「異性の友情は成立する」と考える若者と親世代の意識との差は大きい（図4.18，図4.21参照）。

また，携帯電話やメールといったツールの登場もあり，わが国の教育現場において長く続いてきた性別分離の境界がなくなってきていることも一因であろ

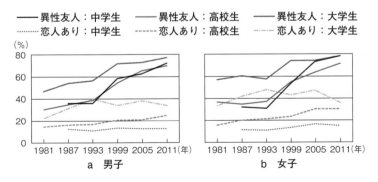

図4.18 学校段階別にみた異性の友人と恋人の有無
（第7回「青少年の性行動全国調査報告」より）

うが，実際の調査結果からは，異性には無縁ではないが恋愛や性行動に積極的でない男子が増えていることが指摘されている。

4.4.3　家庭環境と性行動

1.　家族形態と性行動

　家族形態において核家族という形態が一般化し，さらには離婚率が3割を超える現代では，家庭的な背景が青年の性行動にどのように影響しているかは興味深いところである。

　先の調査結果において，母親の就労と性交経験率の間には若干の関連性は見られるが，家族に関係する質問として性交経験率との間に明らかな関連性が見られるものは「家庭のイメージ」であり，特に高校生女子においては，家庭が「楽しくない」と回答する場合に性交経験率が高い結果となっている（図4.19）。

　この結果を単純な説明図式で考えると，家庭が楽しくない→街に遊びに行く→異性と知り合う→性経験，という一連の流れが予想されるという（石川，2013）。一方，家庭のイメージには家族間でのコミュニケーションが関連し，早期の性行動に対して抑制的に働くことも示されている（日本家族計画協会，2003）。

　また，母子世帯の男女に早期の性交経験が多い傾向があること，あるいは性交経験相手の人数が多いという知見もある。しかし，それを性の乱れとして扱うのは早計で，家庭における性教育という面からは，むしろ母子世帯における

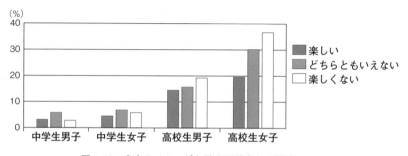

図4.19　家庭のイメージと性交経験率との関連
（第7回「青少年の性行動全国調査報告」より）

人間関係が性に対してオープンな雰囲気を作り，「男女交際についての情報」を親や兄弟から得ている割合が非母子世帯よりも高い結果が出ているためという分析もある（石川，2013）。

2. 青少年の性行動のリスク

青少年にとっての性行動のリスクとは，青少年の性交経験の上昇や低年齢化，あるいは，性的関心の減退の問題であるのか，意見が分かれるところかもしれない。しかし，性交経験を人生の豊かさを示すものととらえると，真のリスクは単なる性経験の有無ではなく，性的誘惑を断れないがゆえの妊娠，性感染症の可能性，性被害などであろう（石川，2013）。家庭が楽しくないと答える高校生女子のデート DV の被害経験率の高さ，性暴力の経験率の高さは，性行動が常にリスクと隣り合わせであることを示している。

その一方で，中学生の子を持つ父親・母親への性教育についての調査結果からは，男女交際や恋愛そして夫婦の協力や親の役割などといった社会的・心理的な事柄についての教育は主に家庭で行うものと考えられているという（高橋，2003）。

しかしながら，実際には従来から家庭での性教育は女子に対する月経時の処置方法が主であり，男子への性教育はほとんどなされてきていない（宍戸・齋藤・木村，2007）。

家庭環境による性行動への影響を考えるとき，母親の就労に代表される近年の家族の変化や，離婚のような家族危機が青少年の性行動のリスクに直結する

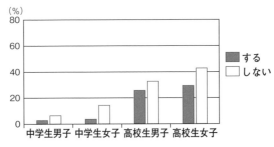

図 4.20　母親との毎日の会話と性交経験の関連
（第 7 回「青少年の性行動全国調査報告」より）

わけではない。家族内での会話の充実，「楽しい」という家族のイメージは早急な性経験を抑止し（図 4.20），性に関して親子で話し合いを持つことが性行動リスクの低減に役立つことが示唆されている（石川，2013）。

4.4.4　現代青年の恋愛観・結婚観

1.　恋愛の行動と種類

　恋愛・結婚は極めて重要な社会的な営みである。エリクソンも漸成理論図の中で，青年期後期，前成年期に親密 対 孤立から愛を獲得することを示唆している（図 3.2 参照）。

　恋愛について，スタンバーグ（Sternberg, R. J., 1986）は，愛の三角理論を提唱した。彼によると，恋愛は親密性，情熱，コミットメントの3つで構成されている。親密性とはお互いの親しみの深さを表し，情熱とは性的欲求を含む興奮の強さで，お互いがどれくらい夢中になっているかを表す。そしてコミットメントはお互いがどれくらい離れられない関係であるかという関連の強さを表す。これら3つの要素の強弱の組合せによって8つの愛情のタイプがあり，この3つのうち親密性とコミットメントが高いほど，関係がうまく行きやすいことが示されている。

　また，リー（Lee, J. A., 1977）は，恋愛には色と同じようにいくつかの種類が存在することを見出した。これを恋愛の色彩理論と呼び，恋愛の種類をラブスタイルと呼んだ。ラブスタイルは全部で6種類あり，その基本形はエロス（美への愛），ストーゲイ（友愛的な愛），ルダス（遊びの愛）の3つで，これらの混合形はマニア（熱狂的な愛），アガペー（献身的な愛），プラグマ（実利的な愛）である。ヘンドリック他（Hendrick, Hendrick, & Adler, 1988）は，エロス尺度得点が高く，ルダス尺度得点が低いカップルは関係が持続することを明らかにしている。

　さらに，スウェンソン（Swenson, C. H., 1972）は，恋愛関係に特有の行動として，①愛情の言語的表現，②自己開示，③非物質的な形で愛情を示すこと，④言語的に表現されない感情，⑤愛情を物質的に示すこと，⑥愛の身体的表現，⑦相手の良くないところを大目に見ようと思うこと，の7つの領域を見出した。

　わが国では，飛田（1991）が大学生の恋愛行動を①友愛的会話，②自己開示とつながりを求める行動，③タイプⅠデート行動（「2人でドライブした」など），④タイプⅡデート行動（「2人でお酒を飲みに行った」など），⑤宿泊・性行動（「相手の部屋に泊まった」など），⑥両親との関係（「親から子どもの頃の話を聞いた」など），⑦求婚行動（「求婚された」など），という7つのカテゴリーに分類し，恋愛行動が①から⑦に向けて進展することを示唆した。

　松井（1990）は，大学生の恋愛行動を「開示行動」「共行動」「性行動」「葛藤行動」の4種類に分け，その進展に伴い5段階の恋愛のプロセスを明らかにした。そして，恋愛関係で生じる行動は，恋人以外の関係でも行われるような行動から恋愛関係のみで行われる行動へと進展し，さらに結婚に向かう行動に至るというように，異次元的に進展していくこと，その過程で生じる葛藤行動は，恋愛関係の解消・崩壊に向かわせることを示した。

2. 性に関連する行動の消極化

　1990年代初頭から少子化が認識されるようになり，その原因として晩婚化・非婚化が指摘された（河野，2007）。晩婚化は，大学進学率の上昇や正規雇用労働者の減少など，社会・経済情勢の変化を背景に，異性との交際の消極化や恋愛と結婚との分離，結婚や家族に関わる規範意識の変化など，青少年の意識・行動のありようが直接の原因といわれる。今日の青少年の特徴として，学校で話をする友人レベルでは異性への抵抗が少なくなっているが，恋愛とは無縁な者や交際しても性交には至らない者が増えるなど，全般的な消極化の兆しが見られる。また，その消極化の原因として，特に高校生では性や恋愛よりも学業を優先する傾向が見られている。そうした高校時代の経験の乏しさが，大学生の性行動にも影響しているようである（渡辺，2013）。

　男女間の友情が成立するかどうかについて，親子の相違を見てみると，「異性との友情が成立すると思う（「思う」＋「どちらかといえば思う」）」は，子ども世代は男性73.8%・女性78.2%で4人に3人が成立すると思っており，親（自分が20歳前後の頃を思い出して回答）の男性36.4%・女性47.3%に比べて大幅に高くなっている（図4.21）。また，子ども世代の「恋愛に積極・能動的」は，男性18.0%・女性23.2%で，女性のほうが5.2ポイント高くなってい

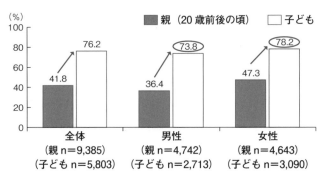

図 4.21　異性との友情は成立すると思う人の割合（男女別）
（明治安田総合研究所，2016）

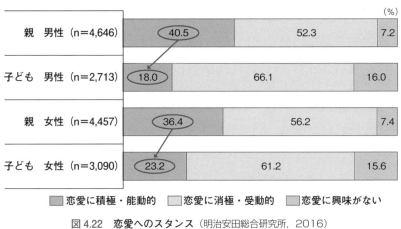

図 4.22　恋愛へのスタンス（明治安田総合研究所，2016）

るが，親（自分が 20 歳前後の頃を思い出して回答）の「恋愛に積極・能動的」は，父親 40.5％・母親 36.4％であった。親は若い頃，自分の子どもたちと比べて男性は 22.5 ポイント・女性は 13.2 ポイント恋愛に積極・能動的だったという結果も出ている（図 4.22）。

3. 結婚に対する意識の変化

　厚生労働省の「人口動態統計」によると，1990 年から 2000 年の 10 年間で平均初婚年齢は男性が 0.4 歳，女性が 1.1 歳上昇したのに対し，その後 2010 年までの 10 年間での上昇は男性 1.7 歳，女性 1.8 歳となり，晩婚化が加速してい

ることがわかる。中でも、「結婚してもよいと思う相手がいても早く結婚する必要はない」という「結婚先送り志向」が増加している。その背景には、異性との日常的な交流が多い青少年において、結婚よりもキャリアを優先し、結婚を先送りしても特に支障はないといった意識があるのかもしれない（渡辺、2013）。

また、2010年に行われた人口動態統計・特殊報告によると、15〜19歳の女性の8割以上、20〜24歳の6割以上が結婚10カ月未満で第一子を出産している、いわゆる妊娠先行型結婚（できちゃった婚）についても、2011年の調査では否定派が肯定派を上回る逆転現象が生じている。これは、高校生・大学生にとって、これまで以上に学校・学業の位置づけが相対的に高まっている結果かもしれない、と渡辺（2013）は述べている。

4. ジェンダー（性役割）

生物学的な性差をセックスというのに対して、社会的、文化的に形成された男女の違いをジェンダーという（2.1.3参照）。近代の日本においては、男は社会で働き、女は家庭を守るという性別役割分業が教育を通して乳幼児期から刷り込まれ、女性が社会に出て活躍しにくい環境が形成されてきた。

1980年代以降、労働市場において男女差別を禁止する法制度が作られ（男女雇用機会均等法）、90年代には国をあげて男女共同参画社会の構築を目標に掲げた。ジェンダーの相違を乗り越えて男女の対等な関係を目指すジェンダー・フリー教育も推進された。

2014（平成26）年8月に内閣府が調査した「女性の活躍推進に関する世論調査」によると、「夫は外で働き、妻は家庭を守るべきである」という考え方に賛成する人は44.6%、反対は49.4%という結果であった。性別では、女性のほうが「反対」の割合が高く、年齢別では20歳代の割合が高かった。とはいえ、家庭内での男女の性役割に対して保守的な考えを持つ若者が4割以上も存在するという結果もあり、世界経済フォーラム（WEF）の2014年版「ジェンダー・ギャップ指数」によると、日本の男女平等指数は世界142カ国中104位であった。このような結果から見ても、日本人のジェンダー意識はいまだに保守的といえよう。

5. 恋愛観・結婚観とジェンダー意識

　それでは，若者に見られるジェンダー意識の変化は，恋愛観・結婚観にどのような影響を与えているのであろうか。三木（2010，2015）は，男女それぞれの恋愛観・結婚観とジェンダー意識を調査し，以下のような興味深い結果を報告している。

　まず，男性では，

(1) 男女平等意識が強い男性でも，家庭や結婚に関して男性としての義務を意識し，女性の男性化を容認する傾向が見られた。

(2) ジェンダー意識が強い男性は，恋愛に積極的で，幸せな家庭生活に対する願望も強い。

(3) ジェンダー意識が低い男性は，結婚生活の継続を困難と考え，気軽な恋愛関係への志向が強い。

(4) 恋愛や結婚に関心が低い男性は，女性に対しての関心も低い。

　一方，女性では，

(1) 女子高生は恋愛依存が強いか，反対に恋愛に無関心かの二極化傾向が見られた。

(2) 高校生と女子大生では，高校生が「愛情」を重視しているのに対し，女子大生は相手の「経済力」を重視している。

(3) 高校生は女子大生に比べてキャリア意識が強く，女子大生は専業主婦志向および男性の経済力を重視する傾向が強い。

(4) 愛があればお金は必要ないと考える人は，ジェンダー意識が低い。

　これらの結果から，男性のジェンダー意識は「家庭」というもののとらえ方に直結しているが，女性のジェンダー意識は，理想と現実のギャップに帰結しやすいのではないかと思われる。男性は家庭や結婚を意識するとき，男性役割に伝統的価値観を当てはめることで家庭を守るという意識が強く働いているのではないだろうか。また，女性は，社会に出て，伝統的価値観の根強さに直面する機会が増えるほど，恋愛と結婚は別のものと考え，家庭生活と経済面とを総合的にとらえるようになるのではないだろうか。

4.5　対人関係と不適応

　青年期は「こころ」と「からだ」がアンバランスな状態で始まり，自分自身が他者とは異なる独自の存在であることに目覚める。もはや親や大人に守られる存在ではなく，社会的に自立した他者と対等な存在として認められることを切望し，身体的・精神的に成熟しながら成人期へと移行していく。ここでは青年期の対人関係に影響を与える要因と自我同一性との関連に注目し，解説することにする。

4.5.1　時間的展望と自己開示

1.　青年期の時間的展望

　青年期の発達において，その基盤となる重要な概念として**時間的展望**（time perspective）がある。時間的展望とは，一般的には「ある一定の時点における個人の心理学的過去および未来についての見解の総体」と定義される（Lewin, 1951）。白井（1997）は，時間的展望を，①狭義の展望，②時間的態度，③時間指向性，④狭義の時間知覚，に分けて考えている。そして，クルーガーとグリーン（Kroger, J., & Green, K. E., 1996）は，将来どうなりたいかという可能自己が，自己のアイデンティティ達成地位への移行の契機になり得るとしている。

　溝上・中間・畑野（2016）は，自己形成活動が未来展望を介してアイデンティティ形成に影響を及ぼすことを示しているが，時間的展望とアイデンティティ形成は相互に影響し合うといわれている（Luyckx, Lens, Smits, & Goossens, 2010 ; Shirai et al., 2012）。こうした研究から，社会的自立に向けて，現実に即したポジティブな未来への展望が青年にとって重要であることがわかる。

2.　青年期の自己開示

　自己開示をすることは，精神的健康につながることも知られている。**自己開示**とは，「自分自身に関する情報を，任意の他者に対して言語的な手段を用いて伝達する行動」と定義され（Jourard, 1959），ジュラード（Jourard, S. M., 1971）は，「自己開示はパーソナリティを至高に達成する手段である」と述べ

ている。また，自己開示は，認知的・行動的なストレス反応と，情緒的ストレ
ス反応の低減に安定的な効果があるといわれている（丸山・今川，2002）。

　さらに，発達段階によってこの自己開示の内容が物質的な自己から精神的，
実存的自己へ深まることも指摘されている（榎本，1997）。青年期に自己の内
面に向けられた自身の視線に一人で耐えるのではなく，友人への自己開示を通
して新たな自己を形成していく過程は，この時期の発達・適応に重要な意味を
持つ。

　自己開示を行った場合，自己開示をされた受け手側も同じように自己開示を
したくなる，という返報性の特徴がある。例えば，こちらが趣味の話をしたと
すれば，相手も同じように趣味の話をしてくれる可能性が高まるのである。こ
の効果により，自己開示は，一層互いの関係性を深めることができるコミュニ
ケーションのツールとなるのである。

4.5.2　孤独感と親密な他者への希求

1. 青年と孤独感

　孤独感の定義としては，ペプローとパールマン（Peplau, L. A., & Perlman,
D.）の「孤独感とは，個人の社会的関係のネットワークにおいて，量的，質的
いずれかで重大な欠損が生じたときに生起する不快な経験である」というもの
が知られている（広沢，2011）。また，白井（2013）は「孤独感とは『ひとり
でいること』の主観的感覚である」と述べている。社会学では孤独感は否定的
にとらえられる傾向があるが，心理学においては肯定的な側面に焦点を当てる
見方も存在している。例えば，一人でいることは自分を見つめる機会でもあり，
一人でいることという主観的感覚を経験しなければ一人の個人として自立して
いくことは難しいと考えられ，社会の中で生活する私たちにとって重要な意味
を持つものなのである。

　青年期は，児童期までの外向きの視線が自分の内面に向けられ，孤独感の中
で自己を見つめる。それゆえに自身の内面的生活を共有し，孤独感を癒してく
れる親友の存在が必要になってくる（榎本，1997）。シュプランガー（Spran-
ger, E., 1953）は，青年期の特徴の一つである自我の発見には大きな孤独の体

験を伴うと述べている。青年は自分を理解してもらいたいと強く願う一方で、簡単に理解されることを拒否するというアンビバレント（相反する感情）な側面を持つ。自分はなぜ今の自分なのか、なぜ自分はここに存在しているのかと考えるような意識の経験である自我体験の中で、孤独を体験し、自分の持つ感情を見つめ、自分を理解することによって、他の人もまた同様の他者なのだという他者理解につながる。

2. 孤独感の測定

　孤独感については、落合（1993）も、「自我の発見に伴って必然的に感じるようになるものであり、青年の抱える代表的な生活感情である」と述べている。落合（1983）によって作成された孤独感の類型判別尺度（Loneliness Scale by Ochiai, 以下 LSO とする）は、人間同士理解・共感できると感じているほど LSO-U は高得点となり、人間の個別性に気づいているほど LSO-E は高得点になるように採点される。これは、「私のことに親身に相談相手になってくれる人はいないと思う」「人間は、他人の喜びや悩みを一緒に味わうことができると思う」「私のことをまわりの人は理解してくれていると、私は感じている」「結局、自分はひとりでしかないと思う」などの 16 項目からなる質問紙である。

　この尺度では、人間同士の理解・共感についての感じ方と自己の個別性の自覚という 2 つの軸から A 型から D 型の 4 つのタイプを示している（表 4.5）。

　A 型：人間同士は理解可能と思い、人間の個別性に気づいていない。

　B 型：人間同士は理解できないと思い、かつ個別性に気づいていない。

　C 型：人間同士は理解できないと思い、かつ個別性に気づいている。

　D 型：人間同士は理解できると思い、かつ個別性に気づいている。

　そして、発達的には年齢を経るに従い、A 型から D 型へと変化していくこ

表 4.5　孤独感の類型判別尺度（LSO）による 4 つのタイプ（落合，1983）

LSO-U ＼ LSO-E		人間の個別性に気づいている	
		気づいていない	気づいている
人間同士は理解・共感 できると思っている	できると思っている	A 型	D 型
	できないと思っている	B 型	C 型

とを示している（落合，1999）。ここでの孤独感は，必ずしも否定的な意味を持つのではなく，主観的な体験の仕方によって，肯定的にも否定的にもなり得るものと理解される。

このように，青年期は深い対人関係を求めると同時に，他者との関係から離れて孤独を求め，自分自身をより深く見つめ，理解しようとする傾向が顕著になる。そこに，エリクソンの漸成図式における成人期初期での心理社会的危機である「親密─孤立」という発達過程が認められる。

3. 青年が親密な対人関係に求めるもの

人は一人では生きられない。前述の通り，状況により他者と良好な対人関係を築くことは，心理・社会的適応において重要な意味を持つ。ホーマンズ（Homans, G. C., 1950）は，社会を相互作用し合う複数のまとまりとしてとらえる社会システム論の立場から，対人関係を感情・資源のやり取りといった統一的概念を使って説明した。

ここでやり取りされるのは物や金銭，愛情やサービスなどで，個人は対人関係から何かしらの成果を得ることで満足感を覚え，自分の周りにこれを上回る対人関係を見出せないとき，現在の関係へのコミットメントを高めるという。

これは社会的交換理論の一つ，相互依存性理論（Kelley & Thibaut, 1978）によるもので，これら多くの対人関係研究における諸理論では，対人関係を「個人が利益を得るためのシステム」と見なされている。

藤本（2018）は，社会的交換理論の観点から親密な対人関係が持つ5つの汎用的な機能を特定し，大学生がそれらを自身の親密な対人関係にどのように求めるのかを検討した。その結果，親子関係には「教導」と「養育」を，恋愛関係には「愛着」を，友人関係には「友情」と「交友」を主に求めつつ，それらを他の親密な対人関係にも重複して求めていること，また，女性は男性よりも多くの機能を親密な対人関係に強く求めるのに対し，男性は道具的な機能を優先的に求めることを明らかにしている。

例えば，男性は女性よりも友人に対して一緒に行動すること（共行動）を望んでおり，女性は男性よりも当人の情報を開示すること（自己開示）を望んでいた（和田，1993）。

　また，榎本（1999）は，友人と行う活動と友人への感情を尋ね，男女の比較を行った。その結果，お互いの相違点を認め合い，価値観や将来の生き方を話し合う「相互理解活動」，仲が良いことを確認するような「親密確認行動」，自分たちだけの絆を作り出す「閉鎖的活動」に関して，女性は男性よりも多く行っていることがわかった。

　一方，男性は，友人と遊ぶことを中心とした「共行動」を女性より多く行っていた。他にも，男性よりも女性のほうが友人から情緒的サポートを多く受けているといった結果（福岡・橋本，1995）や，過去のいじめ経験に関して，男子よりも女子のほうが仲の良い同性の友だちからいじめられた経験があるという結果（三島，2003，2008）が報告されている。

4.5.3　現代青年の友人関係と自我同一性

1. 青年期の友人関係の特徴

　青年期の友人関係は，相手に対する絶対的な共感や，互いの内面を開示するような深い関わりを持つことで，相手の中に自分の理想を投影しながら人格的成熟が図られると考えられてきた（Spranger, 1924 土井訳 1957；西平，1973）。

　そのため，大学生などを対象に，どのような友人関係のあり方が自我同一性の確立に影響を与えているか，といった友人関係と自我同一性の関連を研究するものは多い。やはり青年にとって，友人との関係は周囲の人間関係の中でも重要な位置づけとなるのである。宮下（1995）は青年期の友人の意義として，

(1) 自分の不安や悩みを打ち明けることによって，情緒的な安定感・安心感を
　　得る

(2) 自己を客観的に見つめる

(3) 人間関係が学べる

などをあげている。

　この時期の友人関係の特徴として，親密で内面を開示し合い，人格的共鳴や同一視をもたらすような友人関係があげられる一方で，近年では青年の友人関係における"希薄さ"が指摘されている。

　岡田（1993a）は大学生の自分自身への内省傾向と友人関係の特徴から，

(1) 内省に乏しく，友人関係を回避する傾向の強い青年

(2) 表面的には明るく友人関係をとりながらも，他者からの評価や視線に気を
　　遣う青年

(3) 自己の内面に関心が高く，自分の生き方などを深刻に考える青年

の3群を見出した。

　また，岡田（1993b）は，大学生の友人関係から，

(1) 「群れ志向群」：友人関係場面で深刻さを回避し楽しさを求め，友人と一緒
　　にいることを好む

(2) 「対人退却群」：対人関係の深まりを避け，他者からの評価を気にする

(3) 「やさしさ志向群」：心を打ち明け，1人の友人との関係を大切にする

の3群を見出した。

　なお，岡田（1995）は，現代の大学生の友人関係の特徴から分類した，「群
れ関係群」では自分自身を内省的に見る傾向が低いこと，「気遣い関係群」で
は内省が高く，友だちとの関わりの中で自己形成を図る傾向があることなどを
見出している。

2. ふれ合い恐怖心性

　ふれ合い恐怖心性とは，「ふれ合い恐怖症」という心理臨床場面で見出され
た病態の一つに似た一般青年に見られる心理傾向を示している（岡田，1993a,
2002）。「ふれ合い恐怖症」とは，対人恐怖症に見られるような赤面恐怖，視線
恐怖などの身体的主題を訴えず，会食・雑談場面など人間関係が深まる場にな
ると不安を生じるものである。

　この患者の特徴は，学業や機械的な関わりなどの浅い人間関係は上手にこな
すが，自力では情緒的な深い付き合いができない（山田他，1987）。また，日
常生活で困難を生じることは少なく，治療対象となりにくいものが多い反面，
その周りの者はふれ合い恐怖症者に困惑を感じることが多いといわれている
（山田，1989）。

　岡田（1993b）は，このふれ合い恐怖心性が一般の青年に広く見られること
を報告し，ふれ合い恐怖心性の高い群では内省傾向が乏しく友人関係を回避す
る傾向があり，対人恐怖的心性が低いことから，両者は共通する部分を持ちな

がらも区別される心性であると指摘している。ふれ合い恐怖心性は，対人恐怖心性よりも未熟な発達段階に留まっているのではないかとの推測もあるが（岡田，2002），現在のところ十分な検討はなされていない。

3. 友人関係と自尊感情

　青年期における自己概念の再構成に当たり，自尊感情が個人の精神的健康にも重大な影響を及ぼすといわれている。リアリー他（Leary, M. R. et al., 1995）は，自尊感情を，他者からのフィードバックに基づいて，自分の振る舞いが所属集団から受容されるような，適切で妥当なものであるかどうかを感知するための指標（ソシオメータ）である，という**ソシオメータ説**を提唱している。

　岡田（2007）によると，自分の内面を開示し深い友人関係を持つ青年は自尊感情が高く，内面的友人関係を回避する青年は自尊感情が低かった。一方，自他を傷つけることを回避しながら円滑な関係を志向する青年は，自己愛傾向の「注目・賞賛欲求」が高く，自尊感情は中程度であったという。

　このことから，自他ともに傷つくことがないように配慮することによって，相手から拒否されず受容されることを通して自尊感情の水準を高揚・維持しようとする過程が見出されている。

4.5.4　青年期の対人関係における不適応

1. 対 人 恐 怖

　青年期には，発達課題の一つとして対人関係の拡大が見られるが，対人恐怖が好発するのもこの時期といわれている。笠原（1977）によると，**対人恐怖**とは「対人関係からできるだけ身を退こうとする神経症の一つ」で，「他人と同席する場面で不当に強い不安と精神的緊張が生じ，そのため他人から軽蔑されているのではないか，嫌がられているのではないかと案じる」ものであるという。また，「10歳代後半から20歳代前半の青年男女を悩まし続ける」ものであるともいう。

2. 学校不適応

　大学・短期大学への進学率は増加傾向にある一方で，大学生における休・退

表 4.6　**休学・退学理由のグループ分類基準**
（内田, 2018「第 29 回全国大学メンタルヘルス研究会報告書」より）

分類	具体的理由
1　身体疾患群	病気・傷害, リハビリなど, 《傷病による死亡・事故死》
2　精神障害群	精神障害（スチューデント・アパシーは除外）, 《自殺》
3　消極的理由群（大学教育路線から離れるような理由）	3-1. スチューデント・アパシー, 精神障害の疑い, 《自殺の疑い》 3-2. 勉学意欲の減退・喪失, 単位不足 　　 学外団体活動, アルバイトや趣味 　　 進路変更（短大, 専門学校）, 就職 　　 触法行為
4　積極的理由群（大学教育路線上にあり, 更に積極的な理由）	海外留学・研修, 《海外留学延長》 進路変更（他大学・他学科再受験）, 《他大学合格》 履修科目上の都合 資格取得準備, 就職再トライ 《飛び級》
5　環境要因群	経済的理由 家庭の都合・父母の看護, 家業を継ぐ 結婚・出産・育児など, 災害
6　不詳	「一身上の理由」, 行方不明, 未調査, 調査不能など

注）表中の《　》は, 退学にのみ該当する理由を示す。

学者の人数もまた増加傾向にある。「第 29 回全国大学メンタルヘルス研究会報告書」では, **表 4.6** のような分類基準で調査を行った。その結果, 休・退学の理由の半数が勉学意欲の減退・喪失, 単位不足, アルバイトや趣味といった消極的理由群というものからなっていると報告されている（内田, 2008）。

　現在, このような大学生の「ひきこもり」「不登校」といった非社会的な行動が問題となっている。**学校不適応**について, 誰もが日常の学校生活において感じているストレスがその原因となっている（勝倉他, 1996）という考え方が受け入れられるようになった。

　小・中・高等学校については多くの研究がなされており, そこで観察されるさまざまな学校ストレスの中で, とりわけ教師との関係, 友人との関係など, 対人関係に関する出来事についてストレスを感じやすいということが明らかにされている（長根, 1991；岡安他, 1992；嶋田, 1995；吉原, 2005）。

　そもそも, ストレスという言葉は機械工学の領域で用いられていたものだが,

それを医学領域に導入したセリエ（Selye, H., 1936）は，生体がさまざまな外的刺激によって心身に有害な症状をもたらした状態を「ストレス状態」と規定し，そのストレス状態をもたらす刺激を「ストレッサー」と呼称した。

その後，ラザルスとフォークマン（Lazarus, R. S., & Folkman, S., 1984）は，日常誰もが経験し得る，ささいで不快な苛立事（daily hassles）の蓄積のほうが心身の健康状態により反映するとし，個人と環境との能動的な相互関係からストレスをとらえた。その上でラザルス（Lazarus, 1988）は，「心理的ストレス」を「ある個人の資源に重荷を負わせる，ないし資源を超えると設定された要求」と定義している。

3. 発達障害

学校における問題行動，不適応行動として取り上げられている「不登校」「いじめ」には，発達障害を背景としているものが少なくない。**発達障害**は脳機能の発達が関係する障害，自閉症スペクトラム障害（ASD），LD（学習障害，学習症），ADHD（注意欠如多動性障害，注意欠如・多動症）などで，公立小中学校の通常級の児童生徒の 6.5 ％，つまりクラスに 1 人はこの障害を持つ子どもがいる可能性があるといわれている。

発達障害がある人は，コミュニケーションをとったり対人関係を作るのが苦手なため，その行動や態度は「自分勝手」とか「変わった人」「困った人」と誤解されがちで，社会生活において，多くの課題を抱えている場合が多い。このような人たちを支援するときは，まずはその原因が本人の怠けやわがまま，親のしつけや教育の問題ではないということを理解することが大切である。

また，未診断でも発達障害の特性や軽度の遅れのため支援が必要な事例が少なからずあることが，教育，福祉，就労支援などの現場で指摘されている。

そこで，2005（平成 17）年に施行された「発達障害者支援法」により，その障害特性やライフステージに応じた支援が義務づけられている。しかし，その量・質ともに十分ではなく，日常生活の困難さ，障害の見えにくさからくる不利益，経済不安，精神科的症状（不安・抑うつ症状など），孤立・孤独，緊急事態への対処困難，女性特有の性被害や子育てなど，さまざまな場面での支援システムが求められている（内山，2017a, b）。

4. 自傷行為

　自傷行為とは，自らの意思のもと，致死率の低い方法によって自らの身体に危害を加える行為として定義されている。自傷行為の中でもリストカット（手首自傷症候群）は，青年期の危機の一つとしてマスメディアに取り上げられることも多い。しかし，その実態は把握されておらず，潜在的なものも含めるとかなりの数に上るといわれている。

　リストカットは対人関係のトラブルやアイデンティティをめぐる問題など，青年期に起こりやすい問題によって不安や緊張が高まったときに生じやすいといわれ，気づくと自傷行為を行っていたり，意識がはっきりしないなど解離的な状態でその行為を行っている場合もある。そして，その自傷行為の痛みによって後悔や罪悪感を持つとともに，自分の存在に対して安堵感を感じられるともいわれる。

　リストカットの背景には未熟なパーソナリティと不安定な親子関係があることが指摘され，これらの葛藤を解消するための方法として自傷が行われるとする見方もあるが，行為後の後悔の念や不安を考えるとさらに複雑な心理的背景が潜んでいることは否定できない。

5. 摂食障害

　思春期・青年期の女性に多く見られるという点で自傷行為と共通しているものが摂食障害である（男性が発症しないというわけではない）。DSM-5によると**摂食障害**は「神経性やせ症／神経性無食欲症」（拒食症：Anorexia Nervosa）と「神経性過食症」（過食症：Bulimia Nervosa）の2つのタイプから見ることができる（表4.7，表4.8）。いずれも痩身願望が認められ，ダイエットなどのささいな契機から始まることが多いとされる。

　しかしその発症には多くの要因が絡み合っており，機制については諸説さまざまである。ブルック（Bruch, H.）は摂食障害の本質はアイデンティティの葛藤にあるとし，身体知覚の障害と身体像の歪みを指摘している。その他，低い自己評価や同一性の混乱に対する否認の行動化としての拒食，またはそれらへの敗北の行動化としての過食という考え方も示されている。さらに時代の変遷の影響やダイエット文化の浸透によって発症が低年齢化，慢性化していると

表 4.7　**神経性やせ症／神経性無食欲症の診断基準**
(DSM-5 精神疾患の分類と診断の手引き，2014)

DSM-5 による「神経性やせ症／神経性無食欲症」の診断基準

A．必要量と比べてカロリー摂取を制限し，年齢，性別，成長曲線，身体的健康状態に対する有意に低い体重に至る。有意に低い体重とは，正常の下限を下回る体重で，子どもまたは青年の場合は，期待されている最低体重を下回ると定義される。

B．有意に低い体重であるにもかかわらず，体重増加または肥満になることに対する強い恐怖，または体重増加を妨げる持続する行動がある。

C．自分の体重または体型の体験の仕方における障害，自己評価に対する体重や体型の不相応な影響，または現在の低体重の深刻さに対する認識の持続的欠如。

表 4.8　**神経性過食症の診断基準**
(DSM-5 精神疾患の分類と診断の手引き，2014)

DSM-5 による「神経性過食症」の診断基準

A．反復する過食エピソード。過食エピソードは以下の両方によって特徴づけられる。
　1．他とはっきり区別される時間帯に（例：任意の 2 時間の中で），ほとんどの人が同様の状況で同様の時間内に食べる量よりも明らかに多い食物を食べる。
　2．そのエピソードの間は，食べることを抑制できないという感覚（例：食べるのをやめることができない，または，食べる物の種類や量を抑制できないという感覚）。

B．体重の増加を防ぐための反復する不適切な代償行動。例えば，自己誘発性嘔吐；緩下剤，利尿薬，その他の医薬品の乱用；絶食；過剰な運動など。

C．過食と不適切な代償行動がともに平均して 3 カ月にわたって少なくとも週 1 回は起こっている。

D．自己評価が体型および体重の影響を過度に受けている。

E．その障害は，神経性やせ症のエピソードの期間にのみ起こるものではない。

いわれる。そして，享楽的で，体重が減ることに対する達成感と美的追求を建前とした摂食障害に変化しているともいわれている（下坂，1999）。

4.6　青年と現代社会

　青年を取り巻く社会的環境は急速に変化している。特に IT 化社会の到来は，私たちのコミュニケーションのあり方を大きく変化させた。インターネット，スマートフォンの普及は人間関係のフルタイム化をもたらし，「つながる」ことへの安心と「つながらない」ことに対する不安や恐怖をもたらすことになった。

　このようなコミュニケーションの変化は新たな問題をもたらし，青年に対する社

会からの見方に大きな影響を与えることになった。ここでは IT 化社会と青年，社会から見た青年の位置づけなどについて考察を進める。

4.6.1　IT 化社会での人間関係の変化と課題

1. ICT メディアとその利用

　IT 化，グローバル化と呼ばれる社会に生きる近年の子どもたちは，どの程度 ICT メディアに接しているのだろうか。以下に，ベネッセ教育総合研究所による「中高生の ICT 利用実態調査 2014」の結果を見てみよう。

　ふだんインターネットやメールを利用している（学校の授業以外）のは，中学生 87.3%，高校生 96.9% である。これをコミュニケーション利用（メールやチャット（LINE など），Twitter，SNS のいずれかを週 1 回以上利用しているケース）に限ってみると，中学生は 64.8%，高校生はほぼ全員が行っている（図 4.23）。

　また，「インターネットを使ってどのようなことをしているか」との問いには「動画サイト（YouTube など）を見る」「情報を検索して，見る・読む」で

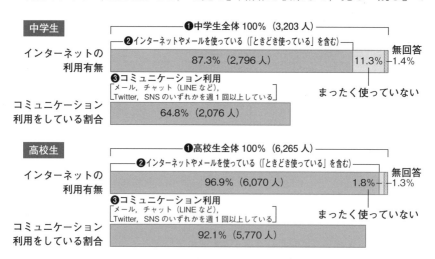

注）「❸コミュニケーション利用」をしている場合は，図 4.24 の「チャットをする（LINE など）」「Twitter をする」「SNS（mixi-Facebook など）をする」のいずれかについて，「週 1 〜 4 回くらい」または「ほぼ毎日」の該当者数を算出したもの。

　図 4.23　インターネットやメールの利用状況（ベネッセ教育総合研究所，2014）

9割を超えている。「ほぼ毎日」する割合を見ると，「チャットをする（LINE
など）」が高く，中学生 45.7％に対して高校生 67.3％と高校生で大きく増えて
いる。同様に，「Twitter」も高校生になると 40.7％と高くなっている（図 4.24）。
このような環境の中で，「インターネットで知り合った人・友だち」がいる割
合は 2割以上で，インターネットで知り合った人がいる人のうち，直接会った
経験のある人の割合は，中学生 23.6％，高校生 34.7％である。

　きっかけとなったツールは，中学生では「チャット（LINE など）のグルー

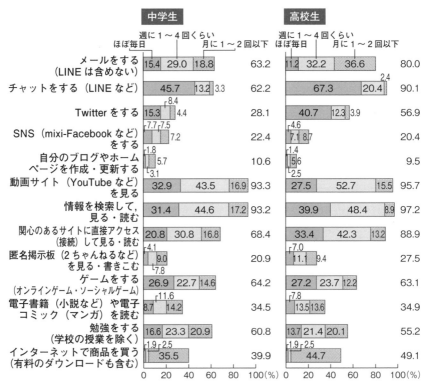

注 1）選択肢は，「ほぼ毎日」「週に 3～4 回くらい」「週に 1～2 回くらい」「月に 1～2 回くら
い」「月に 1 回以下」（＝以上「利用している」），「しない」の 6 択。
グラフでは，「週に 3～4 回くらい」「週に 1～2 回くらい」を「週に 1～4 回くらい」，「月に 1
～2 回くらい」「月に 1 回以下」を「月に 1～2 回以下」として表示している。
注 2）対象は，中学生 2,796 名，高校生 6,070 名。

図 4.24　インターネットの利用内容と頻度（「利用している」場合）
（ベネッセ教育総合研究所，2014）

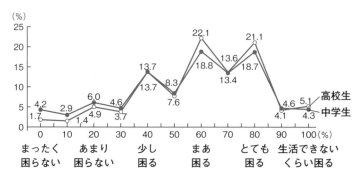

注）対象は，携帯電話またはスマートフォンによるネットアクセス者中学生 1,573 名，高校生 5,750 名。

図 4.25　携帯電話やスマートフォンがなくなると困る度合い
（ベネッセ教育総合研究所，2014）

プ」，高校生では「Twitter」が多い。通信環境の変化により，新たな人間関係の構築が浮き彫りになっている。このように，子どもたちを取り巻く通信環境の変化は，現代の若者の対人関係構築プロセスや関係維持にも大きく影響を与えていることが予想される。

　携帯電話やスマートフォンがなくなったらどれくらい困るかを点数で尋ねたところ，「とても困る」（80 点）が中高とも 2 割前後，「生活できないくらい困る」（100 点）が 5％前後であった（図 4.25）。「生活できないくらい困る」と回答した中高生についてその理由を見ると，「親や友だちとの連絡，つながり・コミュニケーションがなくなること」に関する内容が約 4 割で多く，次いで「情報収集ができなくなる」「退屈になる」といった内容が約 1 割を占める（表 4.9）。中 3 女子の 3 割が，休日にコミュニケーションの手段としてインターネットやメールを 4 時間以上使用しているという現実をどのように受け止めるかは，世代によって異なるであろう。

　子どもたちを取り巻く通信環境の激変は現代の若者の対人関係の構築プロセスや関係維持にも影響を与えていることが予想される。プレンスキー（Prensky, M., 2006）は，1980 年代以降に生まれ，幼いときからデジタル機器に慣れ親しんでいる人たちのことを「デジタルネイティブ」と呼んでいる。さらにデジタルネイティブという言葉とは別に，親や教師といった上の世代で情

表 4.9 「生活できないくらい困る」と回答した人の理由（中高生）
(ベネッセ教育総合研究所，2014)

カテゴリ	フリーアンサー内容	割合
親や友だちとの連絡，つながり・コミュニケーションがなくなること	家族や友達と連絡がとれなくなり，世間から隔絶されてしまう気がする／学校がちがう友達や親との連絡手段がないから／スマホがないとみんなの行動がわからなくなるから／誰とも連絡とれなくなり，不安だから／LINE で知り合った友達，家族などと連絡が取れなくなるととても辛い／友達とのまちあわせ等で，とてもかかせない物だから	4 割
情報収集ができなくなる	情報収集の手段だから／情報についていけなくなる／情報がないと他の人に遅れをとってしまうため／知りたいことをすぐ知れないから／生きていく上での大切な情報網だから	1 割
退屈になる	なにをしたらよいかわからなくなり暇になる／楽しみがなくなる／連絡とれないし，暇になる／つまらない	1 割
娯楽・趣味がなくなる	娯楽がなくなる／音楽が聴けなくなる・ゲームができない／好きなアーティストの情報が入ってこないから／動画が見れない	1 割弱
生活の一部，体の一部だから	もはや生活の一部だから／小 1 から持っているから人生の一部／スマホは体の一部	1 割弱
その他	時計などもスマートフォンに頼っているから／予定の管理をスマホで行っているため／もしも災害や事故がおこった時に連絡がとれないから／持ってないと不安，イライラする	―

注 1) カテゴリは回答結果からまとめたもの。
注 2) 割合は，「生活できないくらい困る」と回答した中高生 393 名に占める回答数の割合。複数の観点が含まれる場合は複数のカテゴリにカウントしている。

報機器や環境を扱うようになった人々を「デジタル移民」（デジタルイミグラント）と名づけている。

　彼は著書の中で，教育現場での最大の課題として，「デジタル移民たちの直面する最大の問題は，デジタルネイティブの子どもたちに自分たちの古い学び方を押し付けるべきなのか，それとも自分たち自身が新しい学び方を身に付けるべきなのかということだ」と述べている（Prensky, 2006 藤本訳 2007）。

　子どもたちにとっての「ケータイ」は，カメラでもビデオでもゲーム機でもある。また，多くの子どもたちがインターネットを使って調べものや音楽のダウンロードをしている。これらが普及する以前は，中高生にとってマンガや CD が日常生活の重要なアイテムであったが，今はその消費も落ち込み，消費行動も大きく変化した。

　小学1年生から6年生を対象とした松村（2014）の「子どもの生活時間に関する調査研究」によると，子どもの放課後の過ごし方は，テレビ・パソコン・インターネット時間（84.5％），学校以外の学習時間（82.0％）および遊び時間（外遊び，内遊び）（74.1％），電子ゲーム時間については41.2％，お稽古・習い事時間は23.9％となっている。

　その特徴として，

(1) 電子ゲームは，行為者率でいうと平日50％弱であるが，活動時間は長く，低学年にも及ぶ。

(2) 電子ゲームを一人でする者が多い。

(3) 1年生の頃からテレビ・インターネットに関しては多くの者がかかわっている。

といったような結果を得ており，幼少期からこれらのデジタル機器は遊びの小道具として，もはや生活になくてはならないものとなっていることがわかる。

　しかし，気になるのは，昨今の世間を騒がした重大事件にこうしたツールが利用されていること，携帯電話を含めたインターネット依存，いじめなど，日常の中にさまざまな問題が起こっていることである。

2. SNS（Social Networking Service：ソーシャル・ネットワーキング・サービス）

　SNSとは，インターネットを介して人間関係を構築できるスマホ・パソコン用のWebサービスの総称で，その特徴は，「情報の発信・共有・拡散」といった機能に重きを置いていることである。

　不特定多数の誰とでも気軽に交流できるのがSNSだが，そのリスクも大きいことは周知の通りで，例えば，個人情報の流出などのトラブルがある。自分が投稿した中に他人の個人情報が含まれていたり，自分のプロフィールにメールアドレスを掲載していたりする場合，そこから迷惑メールが大量に届いてしまう可能性もある。また，利用したお店の情報や居場所が特定できるような内容を投稿してしまうと，自宅のおおよその位置なども特定される恐れがある。

　また，SNSでの他者とのやり取りからストレスを抱えることも少なくない。ブログの炎上などもその一例である。これは，自分が投稿した発言や写真など

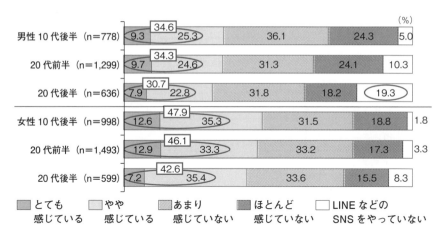

図 4.26 「SNS を通じた人間関係」について負担やわずらわしさを感じているか
(明治安田総合研究所, 2016)

が原因で誰かを不快にさせたり傷つけたりしたときに，大勢の人から非難され，精神的に追い詰められてしまうことである。たとえその行動が故意でないとしても，誰かを不快にさせてしまったり，反対に不快な思いを抱えたりする。

実際に，SNS について，人間関係上の負担やわずらわしさを感じているかを尋ねると，

(1) (「とても感じている」+「やや感じている」) のは，男性で 10 代後半 34.6％，20 代前半 34.3％，20 代後半 30.7％となっている (図 4.26)。

(2) 20 代後半男性の 19.3％が「LINE などの SNS をやっていない」となっている。

(3) 女性は男性に比べて SNS でのつながりに負担を感じている割合が高く，特に 10 代後半では 47.9％と約半数に上る。男性同様，年代が上がるにつれてその割合は減少するが，20 代前半 46.1％，20 代後半 42.6％と 4 割以上の人がわずらわしさを感じている。

このように，SNS については，便利さの一方で人間関係上の負担やわずらわしさを感じている若者が多いものの，93.5％の人が LINE を主なコミュニケーション・ツールとして使っており，負担を感じながらも大切なコミュニ

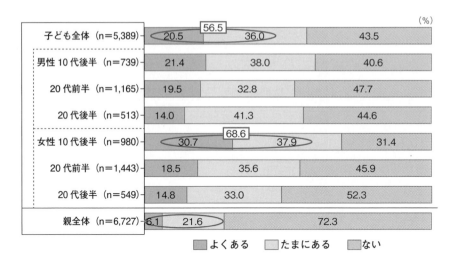

注）SNS をやっていない人を除く。

図4.27　SNS 上ではつながっているが，実際には会ったことのない相手とコミュニケーションをとることがあるか（明治安田総合研究所，2016）

ケーション・ツールとなっていることがわかる。

　また，SNS 上ではつながっているが，実際には会ったことのない相手とコミュニケーションをとることがあるかを尋ねると，子ども全体では，20.5％が「よくある」，36.0％が「たまにある」であった。特に 10 代後半の女性はその割合が最も高く，「よくある」「たまにある」を合わせると 68.6％になっている（図 4.27）。

　このように，顔の見えない相手とのコミュニケーションについては，犯罪等に巻き込まれる可能性も含め，リスクも大きいことを十分に認識した上での利用が望まれる。

3. インターネット依存

　インターネット依存は，インターネットに耽溺して現実の人間関係が乏しくなったり社会的不適応状態になったりするなど，社会生活に悪影響を及ぼす病態である（春日，2011）。

　インターネット依存は，1997 年にアメリカの精神科医ゴールドバーグ（Goldberg, I.）が，ネットの過剰使用を障害と理論づけたのが始まりで，依存

症は医学的には嗜癖（しへき）の一つとして位置づけられている。

海外では社会生活に与える影響の大きさが早くから認識され，国家的対策が講じられているが，日本ではその認識はまだ低く，個人の道徳観やマナーの問題という認識に留まっている。

2008 年に実施された厚生労働科学研究の調査で，当時ネット依存傾向のある成人は約 270 万人と推計された。また，2012 年に実施された同調査では，ネット依存が強く疑われる中高生が，男子の 6.4％，女子の 9.9％に認められ，中高生だけでもその数は 52 万人に達すると推計された（樋口，2015）。特に高校生は他の年代に比べインターネット，携帯電話への依存度が高く，中でも女性のほうが依存しやすいという（春日，2011）。

また，携帯電話依存が友人関係に及ぼす影響について，首都圏の高校生，大学生，社会人約 300 名を対象にした調査では，携帯電話の 1 日の使用時間が増えるほど，一緒に行動はするが表面的な交流による友人関係になるという結果もある（春日，2011）。

現実には，インターネットを介して趣味等のサイトで友人関係を構築する動きや，いわゆる出会い系とされるサイトが増加し続けるなど，関係の構築と維持のスタイルも多様化している。

ソーシャルメディアと呼ばれる交流サイトにより，旧知の関係性が再構築されたり，新規の関係性が構築されたりするなど，新たな関係構築と維持のスタイルが拡大，定着してきている。こうしたソーシャルメディアの普及に伴い，つき合う友人の幅が広がる一方で，量より質，バランスや調和を重視した関係性を築いていこうとする兆候も見られている（宮木，2013）。

通信メディアの変化は，それに伴い友人関係のとらえ方を変化させてきた。このように述べている間にも，新しい通信メディアやつながり方が次々と出現し，コミュニケーション形態が時々刻々と変化しているといっても過言ではない。したがって，それらの影響を最も受けやすい若者のコミュニケーションスタイルと友人関係は，ますます見えにくくなっていくことが予測される。

4.6.2 現代社会と青年期の位置づけ

1. ゆとり世代

　1987（昭和62）年以降，2004（平成16）年頃までに生まれ，ゆとり教育を受けた若者を**ゆとり世代**という。「ゆとりを持たせたことで学力が低下した」など，ネガティブなイメージのあるゆとり世代だが，この世代には以下のような特徴があるといわれている。

- 仕事よりもプライベートを重視する。
- 指示がないと自分から動かない。
- 挫折から立ち直れない。
- 物欲がなく，物への執着が薄い。
- 恋愛や結婚への興味が薄い。

　他にも，「無気力・無関心」といった言葉で表現されるなど，マイナスの印象を持たれがちである。

　このように，共通する特徴を持つ世代を「○○世代」と表現することがあるが，他にも有名なのは「さとり世代」である。これは，「悟りを開いた僧のように物欲がなく見える人」が多い世代のことで，2013年に流行語大賞にもノミネートされている。このさとり世代は，一般的に1980年代中頃から1990年代中頃に生まれた人を指すといわれている。

　また，ここ2〜3年で登場した「つくし世代」がある。こちらは，主に2000年以降生まれの若者のことを指す。このつくし世代は，自らの個性を重視し，人に「尽くす」ことを喜びとする世代である。スマートフォンを使ってSNSなどで交流することに重きを置いている「webコミュニケーション能力の高い世代」である。

2. モラトリアム人間

　エリクソン（Erikson, E. H.）は，「青年がアイデンティティを確立するためには，社会的な義務や責任を負うことを猶予され，自分の模索やさまざまな役割を試行する期間が社会的に保障されなければならない」と主張し，その期間を**モラトリアム**と名づけた。

　日本における青年期の終期を，大学や大学院を卒業する年齢（22 〜 27歳

頃）までと考えると，エリクソンが設定した青年期よりも延長されている。さらに，発達加速現象などの影響により，青年期が開始される時期も早まる傾向がある。このことは必然的にモラトリアムの期間を長引かせることになっている。

　日本の精神分析家である小此木啓吾は，著書『モラトリアム人間の時代』の中で，1960年代以降，大学留年を続けて大学卒業後も定職につかない青年が増加した状況を分析し，彼らを**モラトリアム人間**と名づけた。モラトリアム人間とは，年齢的には大人になって社会に出る時期に達しているにもかかわらず，人生の選択を避けて大人になること（社会的責任や義務を果たすこと）を拒否し，猶予を求め続ける人のことである。

3.「フリーター」「ニート」

　わが国の大卒者の就労状況を見ると（図4.28），いわゆる就職氷河期やリーマンショック以降の経済社会問題とも関連しているが，平成の時代における未就労あるいは非正規雇用労働者の問題の中に，「フリーター」「ニート」がある。

　これは，労働環境，社会保障，晩婚化・非婚化，少子化への影響など，社会全般に複雑な構造を呈しているため，単純にその数や割合のみで計ることのできない困難な課題である。

　厚生労働省は，1991年に「フリーター」を以下のように定義している。

　15 〜 34歳で，男性は卒業者，女性は卒業者で未婚の者のうち，

(1)　雇用者のうち勤め先における呼称が「パート」か「アルバイト」である者。

(2)　完全失業者のうち探している仕事の形態が「パート・アルバイト」の者。

(3)　非労働力人口で家事も通学もしていない「その他」の者のうち，就業内定しておらず，希望する仕事の形態が「パート・アルバイト」の者。

　内閣府による2015（平成27）年の発表では，15 〜 34歳のフリーターは179万人，15 〜 34歳人口に占める割合は6.8％である。

　一方，「ニート（NEET）」は，「Not in Education, Employment or Training」の頭文字をとったもので，就学，就労，職業訓練のいずれも行っていない若者のことである。

　現代はこれまでの歴史に類を見ない「時間と空間」の中で人々の生活が営ま

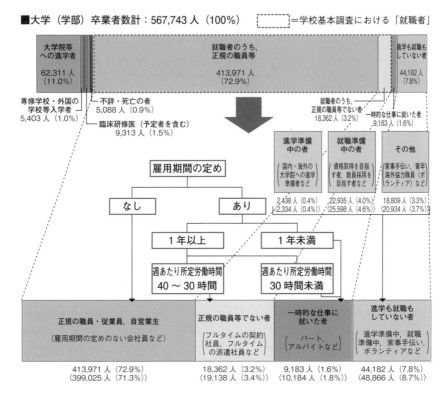

■大学（学部）卒業者数計：567,743人（100%）　┌┈┈┈┈┐＝学校基本調査における「就職者」

図4.28　大学学部卒業者における「就職者」の「正規職員等」・「正規職員等でない者」,「一時的な仕事に就いた者」,「進学も就職もしていない者」の関係（文部科学省，2017）

れている。青年を取り巻く環境の中には，目に見えないもの，把握しきれない
ものがあふれ，問題をより難しくしている。ドイツの法学者，オットー・フォ
ン・ギールケ（Otto von Gierke）は，「人の人たる所以は，人と人との関係に
ある」という言葉を残している。生涯発達の中でも青年期特有の課題や問題に
焦点を当て，それらを社会的文脈の中で理解することは，まさに，人の人たる
所以であり，人類の未来を紡いでいく大切な試みであろう。

青年の社会参加
──キャリア形成

キャリア教育と職業の選択

　成人期への準備期間である青年期には，自分自身に問いかけながらアイデンティティを確立し，他者とのさらなる深い関係を持つ成人期へと進む。多くの青年が学業を終え，新たなステージに向かうために一個人として社会に参加する。厚生労働省によると，「キャリア」は，一般に「経歴」「経験」「発展」，さらには，「関連した職務の連鎖」等と表現され，時間的持続性ないし継続性を持った概念としてとらえられる。それを「職業能力」との関連で考えると，「職業能力」は「キャリア」を積んだ結果として蓄積されたものであるのに対し，「キャリア」は職業経験を通して，「職業能力」を蓄積していく過程の概念であると位置づけられている。

　「キャリア形成」とは，このような「キャリア」の概念を前提として，個人が関連した職務経験の連鎖を通して職業能力を形成していくことを指している。また，この「キャリア形成」のプロセスにおいて，個人が動機，価値観，能力を自ら問いながら，職業を通して自己実現を図っていくプロセスとして考えられている。ここでは，青年のキャリア形成プロセスをふまえ，「働くこと」の意義を考える。

5.1.1　キャリア教育とキャリア理論

1. キャリア教育の必要性

　「キャリア教育」という言葉の歴史は日本ではまだ浅く，1999（平成11）年の中央教育審議会答申の中で初めて使われたもので，「一人一人の社会的・職業的自立に向け，必要な基盤となる能力や態度を育てることを通して，キャリア発達を促す教育」とされ，厚生労働省はキャリア教育の必要性がうたわれた

社会背景を以下のように分析している。

(1) バブル崩壊後の社会情勢の変化（経済のグローバル化に加え，顧客ニーズの急激な変化や商品サイクルの短縮化により企業間競争が激化）

大企業といえども，倒産のリスクを避けられず，誰しも，突然，転身を迫られ，行き場を失う事態も生じうる。

(2) 技術革新の急激な進展や経済社会のニーズの大きな変化

労働者が長年にわたって蓄積してきた職業能力を無にされる事態が生じる可能性。

(3) 高 齢 化

職業生涯の長期化・労働移動の活発化により職業生涯において，大きな変化に見舞われる可能性。

(4) 顧客ニーズ・商品ニーズの高度化，高付加価値化や経済のサービス化

職業能力についても専門性や問題発見・解決能力が重視されるとともにキャリアの個別化，多様化が求められる。

(5) 学卒無業者，若年離職者，フリーター等の急増

職業意識の希薄化，能力蓄積機会の欠如が将来の経済社会の担い手の喪失をもたらしかねない事態となっている。

2. キャリアの理論

(1) スーパー（Super, D. E.）によるキャリア発達理論

スーパーは，キャリア発達を，役割（ライフスペース）と時間（ライフスパン）の2次元からなるライフ・キャリア・レインボーという図式で表した。

ライフスペースは，子ども，学生，趣味人，市民，労働者，家庭人，その他からなる。これらの役割が演じられる生活空間として，家庭，学校，地域社会，職場が想定される。

ライフスパンは人生の発達段階を示す。人々は環境への適応等に関する発達課題を達成することによって，成長期，探索期，確立期，維持期，解放期（衰退期）という段階を進行する（図5.1）。

キャリア発達とは，個人が一連の発達課題（希望の仕事をする機会を発見するなど）を達成しながら，なりたい自分であるキャリア上の自己概念を実現し

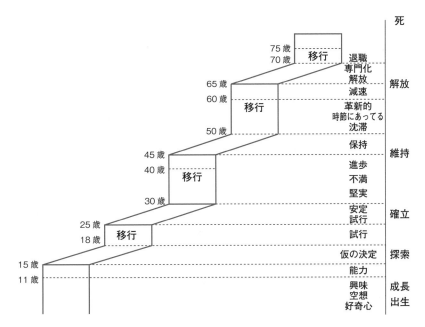

図5.1 **スーパーのキャリア発達段階**（Super, 1957）

ていくプロセスと考えられる。

(2) ホランド（Holland, J.）による RIASEC モデル

これは「類型論的─交互作用的理論（RIASEC モデル）」と呼ばれ，人格類型論の流れを汲んでいる。このモデルでは，人々のパーソナリティは，現実的（R），研究的（I），芸術的（A），社会的（S），起業的（E），慣習的（C）の 6タイプのいずれかに分類され，人々の属する環境もこの 6 タイプで説明される。

人々はその中で，自分の価値観と適合し，能力が活用され，自分が従事したいと思う役割を担える環境を求める。このモデルの中では，人々のキャリア発達はパーソナリティと環境との相互作用に大きく影響される。このモデルに基づき，人々の職業興味を測定する心理検査が **VPI 職業興味検査**（Vocational Preference Inventory）である。

(3) クラムボルツ (Krumboltz, J. D.) らによる計画された偶発性 (planned happenstance)

クラムボルツはバンデューラの社会的学習理論を礎として，キャリア意思決定における社会的学習理論を体系化し，「計画された偶発性」について論じている。これは，人生を確実に予測しながら進むことは難しいが，自分にとって望ましい偶然を呼び込みやすくすることはできると考えるものである。

そのためには，偶然を重視し，常に目標達成に向けて柔軟で持続的な，高いリスクに挑戦するような行動をとることが必要であり，それがキャリア発達につながるとしている。

現代は，グローバル化など環境変化が著しく，職務の内容が変化し続けている。そのため，緻密に設定されたキャリアプランニング通りにキャリアが一歩一歩発達すると想定することは困難である。計画された偶発性は，このような状況下で現実的なキャリア発達に結びつく考え方である。

(4) キャリアの発達課題

スーパー (Super, 1957) がキャリア概念をライフスパンとしてとらえたことで，キャリア発達の概念は，個人のキャリアに影響する心理的，社会的，教育的，経済的，身体的な要因と偶発要因が関与する生涯過程 (Sears, 1982) と包括的に定義されている。これは，青年期には，以下の3つのキャリア発達課題が重視され，これらが達成できるか否かがその後のキャリア発達に大きく影響するためである (Savickas, 2001)。

①自己や職業に関する情報に基づいて職業的好みを形成すること。
②その職業的好みに適合する特定の職業を選択すること。
③選択した職業につくこと。

上記の達成には，多様な能力が求められることから，人生の早い段階からの継続したキャリア教育が重要となる。しかし，近年青年期のキャリア発達について，フリーターやニートの問題が指摘されている (4.6.2 参照)。

5.1.2 キャリア支援

1.「フリーター」の意味と種類

　フリーターとは，必ずしも明確な定義はないが，おおむね学校卒業後，正規従業員の形態でなく，アルバイト等の不安定な就業と無業を繰り返す若年者のことをいう。

　フリーターの分類についてはいくつかあるが，労働政策研究・研修機構の『第3回若者のワークスタイル調査（2012）』によると，「モラトリアム型」「やむを得ず型」「夢追求型」の3つに分類される。

(1)「モラトリアム型」

　最も多い型で，全体の47％を占める。彼らは職業を決定するまでの猶予期間としてフリーターを選択し，その間に自分のやりたいことを探そうとするタイプで，先の見通しがはっきりしないまま学校や職場を離れた者などが含まれる。

(2)「やむを得ず型」

　モラトリアム型の次に多く，39％を占めている。正規雇用を希望しながらそれが得られない者，家族の事情等でやむなく学費を稼ぐ必要が生じたためにフリーターをせざるを得なくなった者などが含まれる。

(3)「夢追求型」

　全体の14％程度の割合で，彼らは，何かしら明確な目標を持った上で，生活の糧を得るために，あるいは一種の社会勉強の手段としてフリーターを選んだ者である。

　このうち，キャリア形成上最も問題があるのは「モラトリアム型」であり，このタイプをはじめとする「フリーター」のキャリア支援対策の強化が求められている。

2. 企業におけるキャリア支援

　上記の問題もふまえて，企業側が職業意識の涵養や体験学習等のキャリア準備に対して果たす役割は大きいといえる。

　具体的には，日常生活の中で生の職業に触れることの少ない学生に対するインターンシップの実施や，大学，高校等に企業人を派遣するなど企業現場と学

生の接触の場を創設し，教育機関との協同で教育に携わることなども考えられる。

(1) コーポレート・ユニバーシティ (CU)

コーポレート・ユニバーシティは，アメリカにおいて，次世代リーダーの育成と従業員の能力向上を主な目的とし，高等教育機関や専門家の協力・連携によって社会の人材育成を支える一つのプラットフォームを形成している。わが国においても一部の企業においてこうした取組みが見られる。

(2) キャリア・コンサルティング

キャリア・コンサルティングは，キャリア形成の主体である個人に対して，キャリアの棚卸しや適性検査等を通じた自己理解，情報提供や職業体験を通じた職業理解や職業に関する動機づけ，職業生活設計，能力開発の方向づけ等に関する体系的かつ組織的な支援サービスである。離転職者の他，キャリアの節目に在職者に対しても行われる。

キャリア・コンサルティングを効果的に進めるには，これをマネジメントできる専門家（キャリア・コンサルタント）の養成・確保が不可欠である。そのため，2016（平成28）年に，職業選択や能力開発に関する相談・助言を行う専門家として「キャリアコンサルタント」が職業能力開発促進法に規定され，国家資格となった。

(3) 社会人大学院

1998（平成10）年の大学審議会答申で，高度専門職業人の養成，社会人の再教育を目指して，ロースクールやビジネススクールなどの「専門大学院」と呼ばれる大学院修士課程の設置等が認められた。これにあわせ，社会人特別選抜入試（試験の代わりに研究計画書等で選抜），科目等履修制度，昼夜開講制大学院や夜間大学院等社会人向けのシステムも導入されている。本格的な知識社会を迎え，生涯教育の重要性が強調される中で，リカレント教育の受け皿として社会人大学院が注目されている。

(4) 教育訓練給付制度

教育訓練給付制度とは，働く人の主体的な能力開発の取組みを支援することを目的とした雇用保険の給付制度である。

　一定の条件（一般被保険者であった期間が原則5年以上等）を満たす雇用保険の一般被保険者（在職者）または一般被保険者であった人（離職者）が，厚生労働大臣の指定する教育訓練を受講し修了した場合，その受講のために受講者本人が教育訓練施設に対して支払った教育訓練経費の80％に相当する額（上限30万円）がハローワーク（公共職業安定所）から本人へ支給される。

(5) ピア・カウンセリング

　ピア・カウンセリングは，境遇や環境を同じくする者同士が相互にカウンセリングを行うことを意味するものである（ピア（peer）とは，英語で仲間，同僚の意）。職場の同僚がお互いに自らのキャリアの悩みや希望について語らい，アドバイスし合う場合や，求職者同士が励まし合いや情報交換をする場合などが代表例である。

3. 教育現場におけるキャリア支援

　文部科学省（2018）は，キャリア教育は，幼児期の教育から高等教育まで，発達の段階に応じ体系的に実施されるもので，職場体験・インターンシップなどの体験的な学習を効果的に活用し，地域・社会や産業界と連携しながら，各教科，道徳，総合的な学習の時間，特別活動など，教育活動全体を通じて行うとしている（図5.2）。

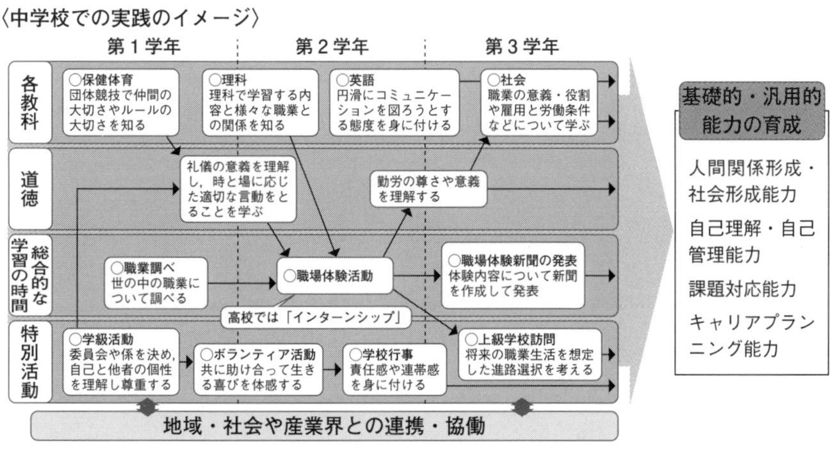

〈中学校での実践のイメージ〉

図5.2　中学校におけるキャリア教育実践のイメージ（文部科学省，2018）

現在，中学校における職場体験実施率は98.1％であり，ほぼすべての中学校で実施されている。しかしながら，高等学校，特に普通科在学中にインターンシップを経験する生徒が少ないことが課題となっている。

また，これからの学校における具体的な方向性は，文科省によって以下の通り示されている。

(1) 学校における体系的・系統的なキャリア教育実践。

(2) 職場体験活動や（アカデミック）インターンシップなど，職業に関する体験活動。

(3) 学校と地域・社会や産業界等が連携・協働した取組み。

(4) 児童生徒が活動を記録し蓄積する教材等（キャリア・パスポート（仮称））の活用。

5.1.3　わが国の青年のキャリア形成における課題

1. 現代の若者の就労状況

近年，若年無業者・失業者の急増，フリーターの増加，若年者の就業後早期離職の増加等の現象が生じ，若年者のキャリア形成上大きな問題となっている。内閣府（2015）の『平成26年度版子ども・若者白書』によると，就職率は，中学校卒業者が0.4％，高校卒業者が16.9％，大学卒業者が67.3％で，高校卒業者の4.9％，大学卒業者の13.6％は進学も就職もしていない。

失業率は，2000年の世界金融危機後を除きおおむね減少傾向で，2013（平成25）年には，15〜19歳が6.4％，20〜24歳が7.0％，25〜29歳が6.2％となっており，15〜19歳が6万人，20〜24歳が30万人，25〜29歳が37万人である。一方，非正規雇用率は，15〜24歳で32.3％，25〜34歳で27.4％となっており，2000年代以降，緩やかな上昇傾向にある。

また，学卒の就職後3年以内の離職率も近年高まっており，2010（平成22）年3月卒業者では，中学校卒業者が62.1％，高校卒業者が39.2％，大学卒業者が31.0％（7・5・3問題）であった。特に中学校卒業者と高校卒業者で1年以内の早期離職率が高くなっている。

非労働力人口で家事も通学もしていない「その他」の者のうち，就業内定し

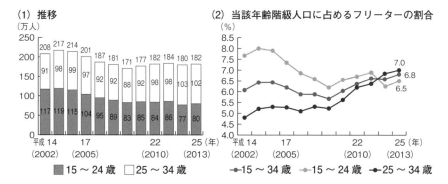

(注) ここでいう「フリーター」とは，男性は卒業者，女性は卒業者で未婚の者とし，①雇用者の
うち勤め先における呼称が「パート」か「アルバイト」である者。②完全失業者のうち探している
仕事の形態が「パート・アルバイト」の者。③非労働力人口で家事も進学もしていない「その他」
の者のうち，就業内定しておらず，希望する仕事の形態が「パート・アルバイト」の者としている。

図 5.3　フリーター（パート・アルバイトとその希望者）の数
(総務省統計局，2014「平成 25 年労働力調査」より)

ておらず，希望する仕事の形態が「パート・アルバイト」の者の合計を集計す
ると，2013（平成 2）年では 182 万人であった。年齢階級別に見ると，15 〜
24 歳では減少傾向にあるものの，25 〜 34 歳の年長フリーター層は 2009（平
成 21）年以降増加傾向にある（図 5.3）。

　また，フリーターの当該年齢人口に占める割合は 2008（平成 20）年を底に
上昇傾向にあり，2013（平成 25）年は 6.8％であった。特に，25 〜 34 歳の年
長フリーター層では上昇が続いている。

　若年無業者（15 〜 34 歳の非労働力人口のうち，家事も通学もしていない
者）の数は，2002（平成 14）年に大きく増加した後，おおむね横ばいで推移
している。2013（平成 25）年は 60 万人で，前年より 3 万人減少した。15 〜
34 歳人口に占める割合は長期的に見ると緩やかな上昇傾向にあり，2.2％と
なっている。年齢階級別に見ると，15 〜 19 歳が 9 万人，20 〜 24 歳が 15 万人，
25 〜 29 歳が 17 万人，30 〜 34 歳が 18 万人である。

　若年無業者が求職活動をしない理由や就業を希望しない理由を見ると，「そ
の他」を除くと，15 〜 19 歳では「学校以外で進学や資格取得などの勉強をし
ている」が，20 〜 24 歳と 25 〜 29 歳では「病気・けがのため」が最も高い。
これら以外には，求職活動をしていない理由としては，「探したが見つからな

(1) 就業希望の若年無業者が求職活動をしていない理由

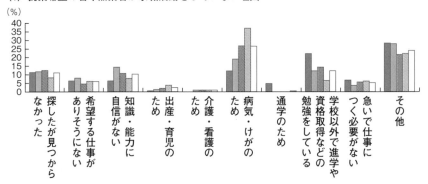

(2) 就業希望のない若年無業者が就業を希望しない理由

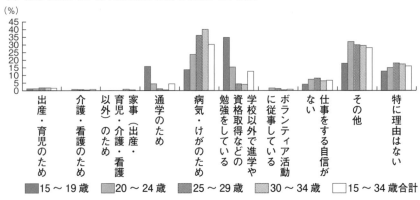

図5.4　若年無業者が求職活動をしていない理由と就業希望のない若年無業者が就業を希望しない理由（総務省統計局，2013「平成24年就業構造基本調査」より）

かった」や「知識・能力に自信がない」といった理由も一定の割合を占めている（図5.4）。

2. 日本社会における就労要件

これまで，日本社会における就労要件は，構造上以下のようなものであった。

(1) 労働者の職業キャリアのあり方は，大企業を中心に，長期の比較的安定した雇用が保障される中で，異動，配置転換，昇進・昇格，能力開発等職業生活のあり方も基本的に企業まかせであり，労働者は，ピラミッド型の組織内で，昇進・昇格していくことが当然の目標とされた。

(2) 職業上必要な知識・技術は，企業に入ってからの教育訓練で習得すること
を前提に，学卒者の採用について，企業は潜在的能力や性格・意欲を重視
し，偏差値や学歴，成績，勤怠度によって採用を行ってきた。

(3) 学校教育も安定性の高い大企業への採用を目標に，成績・学校による切り
分けがなされてきた。

　こうした一律かつ集団的な教育・就職システムや企業内システムが当然のも
のとされてきたが，前述の通り，個人・社会の変化がこうしたシステムを根底
から揺るがしつつある。こうした状況を個人の「キャリア」という視点でとら
え，整理する必要が生じている。

5.1.4　職業未決定と就職活動

1. 近年の就職事情

　新卒就職者（大卒者）のうち，就職も進学もしない者（以下「未就職者」と
いう）の数および卒業者に占める割合を見ると，「就職氷河期」といわれる
2000（平成 12）年前後に高い水準となる。その後の景気回復に伴い 2003（平
成 15）年以降は低下したが，2008 年秋のリーマンショックの影響から 2009
（平成 21）年以降再び上昇に転じている。このように，未就職者の数は卒業時
の景気や雇用情勢に大きく左右される。

　一方，笠原（1977）は，青年が 20 歳を超えても精神的に未熟で不安定で自
立していない傾向を，精神医学の立場から指摘している。青年期に見られる対
人恐怖，家庭内暴力のような不安や緊張を外側に向けて発散する**アクティン
グ・アウト**（acting-out），無気力さから大学を長期留年する**スチューデント・
アパシー**（student apathy）などが青年期の延長を招いている。

　本来青年期は自分の価値観，信念，進路等について真剣に考える時期である。
それらが集約されるのがキャリア選択の場面である。キャリア選択の危機の側
面として，職業未決定の問題はその人の生涯に関わる問題となる。

　近年の就職活動は，インターネットを通じて企業へ登録（エントリー）する
ことから始められており，学生は，インターネットから得られる情報や企業が
発信する一次情報をもとに就職先を決めている状況がうかがわれる。厳しい雇

用情勢のもと，学校から職場への移行においては，企業と学生との間の企業規模や求める能力についてのミスマッチ，未就職者の存在，不本意な非正規雇用の労働者比率の増加といった問題が生じている。

2.「やりたいこと志向」

好きなことや自分のやりたいことを仕事に結びつけて考える傾向を指す「やりたいこと志向」（日本労働研究機構，2000）は，当初フリーター特有のものとして注目されていたが，現在では若者に広く支持される価値志向となっている（安達，2004）。この「やりたいこと」へのこだわりは，就職活動への移行を困難にし（大久保，2002），職業の社会的意義や公共性の軽視につながる（下村，2002）など，さまざまな問題を包括している。学校を卒業した後は正社員として働くといった規範は希薄となり，学校から職業への移行過程は多様化・個人化し，青年期の社会化の過程が不鮮明になっている。

5.1.5　職業観と労働観

1.　新入社員の働く目的

内閣府（2018）によると，若者の仕事をする目的は，「収入を得るため」（84.6％）が最も高く，次いで「仕事を通して達成感や生きがいを得るため」（15.8％），「自分の能力を発揮するため」（15.7％），「働くのがあたりまえだから」（14.8％），「人の役に立つため」（13.6％）と続いている。

一方で，2000（平成 12）年以降，「楽しい生活をしたい」とする者の割合が大きく上昇して 2012（平成 24）年度には最も高い割合となり，逆に「経済的に豊かな生活を送りたい」とする者の割合は低下傾向にある。

このように，働くことに関する最近の若者の意識は，経済的な側面よりも，自分自身が「楽しく」生活できるかどうかという点を重視していることがわかる。また，「自分の能力をためす生き方をしたい」とする者の割合は，1970 年代には最も高い割合を占めていたが，長期的に低下傾向を示し，「社会のために役立ちたい」とする若者の割合は，2000 年以降上昇傾向にあり，仕事を通じて社会に貢献していきたいと考える若者が増加しているようである。

2. 仕事の選択

　内閣府の調査によると，仕事を選択するときに重要な観点として，「とても重要」と「まあ重要」を合わせた数値が最も高いのは，「安定していて長く続けられること」(88.8%)，「収入が多いこと」(88.7%) となっている。次いで「自分のやりたいことができること」(88.5%)，「福利厚生が充実していること」(85.2%)，「自由な時間が多いこと」(82.2%)，「自宅から通えること」(80.3%) と続く（図5.5）（内閣府，2018）。

　また，新入社員の会社の選択理由を見ると，「会社の将来性を考えて」とする者の割合が長期的に低下傾向を示す一方，「自分の能力・個性が生かせるから」とする者の割合は上昇傾向で推移している。これは，先の「やりたいこと

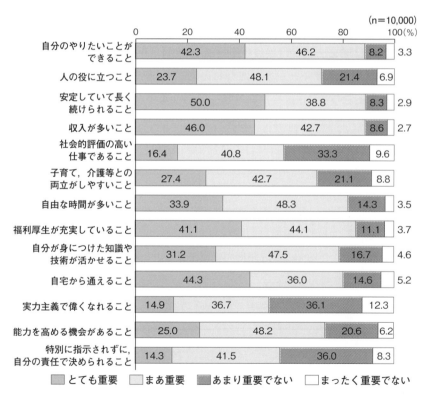

図5.5　仕事を選ぶときに，それぞれの観点をどれくらい重要だと思うか
（内閣府，2018「子ども・若者の現状と意識に関する調査（平成29年度）」）

表 5.1　**新入社員が各項目について，肯定的に回答した割合**

（公益財団法人日本生産性本部「平成 30 年度新入社員『働くことの意識』調査結果」より作成）

項目	30 年度	29 年度	25 年度
あまり収入がよくなくても，やり甲斐のある仕事がしたい	50.5%	52.8%	67.0%
面白い仕事であれば，収入が少なくても構わない	44.3%	46.5%	60.0%
仕事を生きがいとしたい	68.5%	73.6%	80.1%
リーダーになって苦労するより，人に従っているほうが気楽でいい	56.2%	55.4%	46.3%
仕事はお金を稼ぐための手段であって面白いものではない	41.0%	39.1%	31.5%

志向」が明確に表れている結果といえる。

3.　望ましいキャリア形成

　労働政策研究・研修機構による「勤労生活に関する調査」結果（1999 年，2011 年）によると，1999（平成 11）年から 2011（平成 23）年にかけ，20 歳代において，「一企業キャリア」（1 つの企業に長く勤めるキャリア形成）を望ましいとする者の割合が上昇する一方，「複数企業キャリア」（複数の企業を経験するキャリア形成）を望ましいとする者の割合は低下している。

　また，新入社員を対象としたアンケート調査においても，2008（平成 20）年度以降，「同じ会社で働きたい」とする者の割合のほうが，「自分に向かないと思えばすぐに転職したい」とする者の割合より高くなっている。厳しい雇用情勢が続く中，1 つの企業に長く勤めキャリアを形成していくことを望む若者が増加していることがわかる。

　しかし気になるのは，ここ 5 年間の推移を見ると，仕事へのコミットメントは低下する傾向が見られることである。平成 25 年度，29 年度，30 年度の比較で変動の大きかった上位 5 項目は，表 5.1 の通りである。

5.2　社会の中で育まれる生きがい・価値意識

　「平成 30 年版子供・若者白書」では，若者は次代を担う存在であり，彼らが自立した社会人として生きていくためには，世の中の仕組みや社会人としての権利・義

務などに関する正しい知識を持ち，また，社会の形成者としての基本的な資質や能力，態度を身につけておく必要があり，そのための教育や機会の提供が重要であるとしている。

　ここでは，青年の社会参加に向けた取組み，価値意識や社会適応に関連する要因などから，社会意識の発達について検討していく。

5.2.1　社会との関わりと社会参加

1.　ボランティア活動

　現在学校教育では，民主政治や議会の仕組み，政治参加の重要性や選挙の意義，法や経済の仕組み，雇用と労働など，政治，法や経済に関する教育が行われている。また総合的な学習の時間・特別活動や，地域学校協働活動において，子どもの社会性や豊かな人間性を育むため，**ボランティア活動**をはじめとする社会参加活動が行われている。

　日本学生支援機構の調査報告書によると，日本の若者がボランティア活動に興味がある理由としては，「困っている人の手助けをしたい」が65.4％で最も高く，以下「いろいろな人と出会いたい」（49.6％），「地域や社会をよりよくしたい」（48.4％），「新しい技術や能力を身につけたり経験を積んだりしたい」（37.3％），「自分のやりたいことを発見したい」（34.6％）の順となっている（日本学生支援機構，2006）。

　ボランティアを取り入れた教育（ボランティア教育）は，アメリカやカナダなどにおいて「サービス・ラーニング」と呼ばれ，初等教育から高等教育に至るまで，さまざまな教育現場で盛んに取り組まれている。「サービス・ラーニング」とは，サービスの提供者と受け手（人間，社会，環境）の両方の変化を意図して，サービスの目標と学習目標を結びつける取組みである。それは，アメリカの National Service-Learning Clearinghouse という組織によると，自己の振り返りと自己発見，そして価値観・技能・知識の獲得，理解と社会課題の解決を果たす体験が同時に果たされるように良く練られたプログラムである，と定義されている。

　日本学生支援機構が2005年に行った調査によれば，現在，大学生の18.1％

がボランティア活動に参加しており，以前参加したことがある人は，全体の半数近くに及んでいた（日本学生支援機構，2006）。

2. 地域とのつながり

近年の日本は「無縁社会」といわれるほど，社会的な孤立が問題となっている。特に町内会や自治会への参加意識を問われると，地域社会との付き合いについては，若い世代ほどその必要性を感じていないようである（図 5.6）。今後，ますます地域社会の中での人と人とのつながりの希薄化が危惧される。

そのような中で，国際化と政治参加に関する研究プロジェクト（2018）の調査によると，青年が，自分の住んでいる地域を好きな理由としては，「家族がいる」が 52.6％で最も高く，以下「友だちがいる」（50.4％），「通学，通勤，買い物など生活が便利である」（46.6％），「愛着がある」（43.3％），「生まれたところである」（38.0％）という結果であった。

文部科学省は，社会全体で家庭教育を支える取組みや保護者・地域住民等が

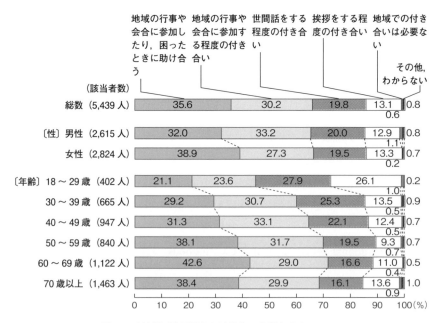

図 5.6　地域とどの程度の付き合いを望むのか
（内閣府，2019「社会意識に関する世論調査」）

学校運営に参画するコミュニティ・スクール（学校運営協議会制度）の導入，放課後子ども総合プラン，中学生，高校生等に対して，地域住民の協力等による原則無料の学習支援（地域未来塾），環境学習・自然体験をはじめとする社会奉仕活動やスポーツ・文化芸術活動などへの若者の参加・交流の場を積極的に整備している。

3. 政治と青年

　社会意識に関する世論調査によると，日本の若者に「日本人であることの誇り」をどういう点で感じるかについて尋ねたところ，「美しい自然」（55.8%），「治安のよさ」（54.5%），「長い歴史と伝統」（49.6%），「すぐれた文化や芸術」（46.2%）などが上位を占めている（図5.7）。

　また，政治に対する関心度を聞いたところ，50.1%が「関心がある」と回答している。さらに，日本社会に対する満足度を聞いたところ，「満足」と回答したのは31.5%であった。自分の国の将来は「明るい」と考える日本の若者は28.8%で，「暗い」が過半数を占めていた。

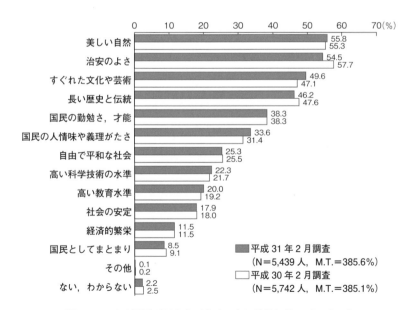

図5.7　**日本の国民が日本人であることに誇りに思っていること**
（内閣府，2019「社会意識に関する世論調査」）

　日本人のイメージについて聞いたところ，「礼儀正しい」（55.7%）と回答した人が最も多く，次いで「真面目」（50.8%），「勤勉（仕事や勉強などに一生懸命であること）」（45.7%）の順であった。

　さらに，日本社会の問題について聞いたところ，「まじめな者がむくわれない」（39.8%）が最も高く，次いで「学歴によって収入や仕事に格差がある」（35.9%），「貧富の差がある」「よい政治が行われていない」（それぞれ32.9%）となっている。このことから，日本の若者は「美しい自然」「治安のよさ」「長い歴史と伝統」「すぐれた文化や芸術」に誇りを感じながらも，日本人の一般的なイメージである「真面目」「勤勉さ」といった国民性が生かされていないと感じているのではないだろうか。

4. 投票行動

　若者の投票率の低下が問題視され，その改善の必要性が叫ばれて久しい。20代を中心とする若年層の投票率は，一貫して全世代の中で最も低調であり続けている。若年投票率の向上に向けたさまざまな取組みが行われているものの，これまでのところ目立った成果を上げることはできていない。2015（平成27）年6月17日に公職選挙法が改正され，翌年の2016（平成28）年6月19日に施行された。

　これに伴い，選挙権年齢は「満20歳以上」から「満18歳以上」に引き下げられた。そして，同年7月の参議院議員選挙から，国政選挙としては初めて「18歳選挙権」が適用された。選挙権年齢の引き下げは，1945年以来，70年ぶりの改正であった。

　これに合わせて，高校生用副教材『私たちが拓く日本の未来』を政府が作成するなど，若者に政治参加を促す官民あげてのキャンペーンが繰り広げられた。ところが初めての参院選における18歳から19歳までの投票率は，有権者全体の投票率を大きく下回った。

　実際に，第48回衆議院議員総選挙全国意識調査で，投票に対する意識を年代別に見ると（図5.8），18-19歳から年代を追うごとに「国民の義務」という意識は上昇している（18-19歳 17.6%，20歳代 25.3%，80歳以上 42.2%）。一方，若い人ほど「個人の自由」という意識が高く（18-19歳 52.9%，20歳代

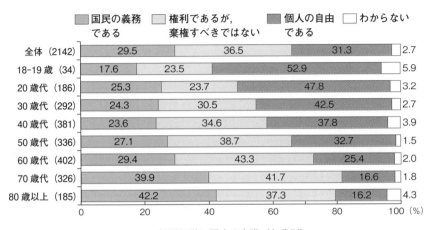

図 5.8 投票行動に関する意識（年代別）

（明るい選挙推進協会，2018「第 48 回衆議院議員総選挙全国意識調査——調査結果の概要」より）

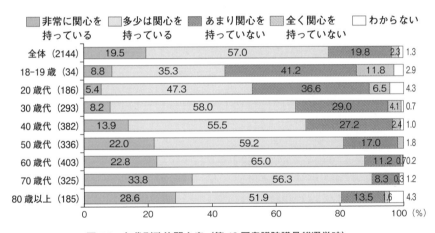

図 5.9 年代別政治関心度（第 48 回衆議院議員総選挙時）

（明るい選挙推進協会，2018「第 48 回衆議院議員総選挙全国意識調査——調査結果の概要」より）

47.8％，80 歳以上 16.2％），年代によって選挙への意識が異なることがわかる。

　若者の投票率の低さ，政治的関心の低さ（図 5.9）は，若者自身に対して政策的支援の不足や社会的負担の世代間の不公平などの深刻な問題をもたらす。しかしながら，今後の未来を担っていく彼ら自身は，今の社会が本来持つ「国民性」が十分に生かされていない社会だと感じることで，当事者意識が育たず，

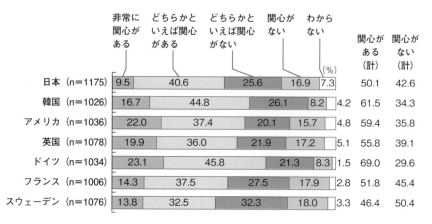

図 5.10　**若者の政治関心度の国際比較**（内閣府，2014）

当事者国民としての責務が明確に意識されないままに制度は先行しているというのが現状ではないだろうか。

　これを諸外国と比較してみよう。現在選挙権を持つ年齢は海外では「18 歳以上」が主流で，国立国会図書館の調査（平成 26 年）では世界の 191 の国・地域のうち，9 割近くが日本の衆議院に当たる下院の選挙権年齢を「18 歳以上」と定めている。

　例えば，アメリカ，イギリス，フランス，ドイツ，イタリアでも 18 歳以上であるが，図 5.10 の 7 カ国で比較すると，ドイツやアメリカ，韓国，イギリスなどに比べ，明らかに日本の若者の政治への関心は低い。「選挙」は自分たちの代表を選び，自分たちの意見を政治に反映させるためのものである。そのためにも，若者一人ひとりが「政治」に関心を持ち，「選挙」に関心を寄せ，「選挙」をもっと身近なものにしていく必要があるだろう。

5. 主権者教育

　主権者教育とは，国や社会の問題を自分の問題としてとらえ，自ら考え，自ら判断し，行動していく主権者としての自覚を促し，必要な知識と判断力，行動力の習熟を進める教育のことである。これは，シティズンシップ教育（社会の構成員として市民が備えるべき市民性を育成するために行われる教育であり，集団への帰属意識，権利の享受や責任・義務の遂行，公的な事柄への関与など

を開発し，社会参加に必要な知識，技能，価値観や傾向を習得せる教育）の一翼を担うものである。

2018（平成30）年に総務省から発表された主権者教育等に関する調査によると，ほとんどの都道府県の選挙管理委員会が模擬選挙と講義等を組み合わせるなどの内容で選挙出前授業を実施しており，高校生では，平成27～29年度に延べ138万人の生徒に出前授業を実施している。

調査項目については，「社会をよりよくするため，私は社会における問題の解決に関与したい」（アメリカ72.6％，ドイツ75.5％）や「将来の国や地域の担い手として積極的に政策決定に参加したい」（アメリカ69.6％，イギリス61.6％）といった項目では，諸外国と比較すると日本はそれぞれ42.2％，33.2％とかなり低い値を示している。しかしながら，日本の若者の54.5％が「自国のために役立つと思うようなことをしたい」と回答している。これは7カ国中，最も高い割合である。

今後の課題としては，まずは身近なことに関心を持ち，ボランティア活動などに参加し，できることから前向きに取り組むといったことが必要となってくるであろう。

5.2.2 社会と青年

1. 社会環境の変化

わが国の人口構造は，2040年には高齢者人口がピークを迎えるとともに，生産年齢人口が減少する。こうした中で，これからの本格的なIoT（Internet of Things）・AI（Artificial Intelligence）時代の到来を見据え，ICT（Information and Communication Technology：情報通信技術）の活用（「スマートICT」）により，高齢者や障害者を支援するとともに，男女共同参画や外国人との共生を実現し，年齢，障害の有無，性別，国籍等にかかわらず，みんなが支え合うインクルーシブな社会を目指すことが必要となってくる。このような考え方がスマートインクルージョン（社会の側の意識の変革）である。

わが国に在留する外国人は近年増加（約256万人）し，国内で働く外国人も急増（約128万人）しているのが現状である。インクルーシブな社会の実現と

は誰もが多様な価値観やライフスタイルを持ちつつ，豊かな人生を享受できる
社会を実現することである。

2.　自立と生きがい感

　生きがい感とは生きがいを感じている精神状態を意味する（神谷，1966）。
佐藤・田中（1971）は生きがい感を，「価値ある目標に向かって努力していく
過程で生じる充実感」，あるいは「目的を達成したときの満足感，それに伴う
生の実感，喜び」と定義している。

　岡村・駒崎・大村・花沢（1974）は，中学生，高校生および勤労青少年
2,666名を対象に意識調査を行い，調査対象者の多くが「自らが直接感じられ
得るもの（スポーツ，趣味，交友関係など）」に生きがいを感じていることを
明らかにした。また，田部井・武井・田村・二宮・松浦・吉中（1982）は，高
校生，短大生および大学生288名（うち男子37名）を対象に意識調査を行い，
生きがいについて尋ねた。その結果，生きがいがあるとした者は，大学生
75％，短大生50％，高校生45％であった。自由記述による回答の結果，クラ
ブ活動など現在の活動に生きがいを感じるとするものが多く得られた。彼らの
生きがいのとらえ方の要件は，充実感，存在感，目的感，意味感などであった
ことが示されている。

　青年は，自立を獲得していく中で，自分の人生について現実的に考えるよう
になる。そして自分の人生に対する意味や意義，すなわち生きがいを問い，そ
れを見出していくことは，その後の人生においても重要な意味を持つ。また生
きがいを持つことは，人間の発達にとって不可欠なもので，臨床援助における
心理療法の究極目標の一つとされている（久留，2003）。

　かつては自立というと個の確立を示すものと考えられていたが，近年では他
者との関係性の中で個人の発達をとらえる重要性が指摘されている（Gilligan
et al., 1982）。すなわち，自己の個別性を確立させているだけでは自立してい
るとはいえず，他者と適切な関係性を築くことができるようになって初めて自
立した大人になれると考えるのである。

　このように自立について他者との関係性を重視する立場は，特に国内の研究
において顕著に見られる。

3. 文化的自己観

　特定の文化を生きる人々が有している人間観や世界観の一つに，**文化的自己観**（Markus & Kitayama, 1991）がある。文化的自己観には，日本をはじめ，東アジア文化において優勢とされる相互協調的自己観，アメリカなどの欧米文化に優勢とされる相互独立的自己観がある（北山，1998；Markus & Kitayama, 1991）。

　東アジア圏に見られる相互協調的自己観が優勢の社会では，他者との人間関係に埋め込まれた存在として自己をとらえているため，仲間と協調的であること，仲間との関係の中で適切な行動をとることが社会の中で強調され，対人関係という社会的文脈の中で，共通性，協調性などから自己を理解することになる。そのため，他者との関係性が個人の自尊感情や幸福感に影響を与える要因となる（Kim & Markus, 1999; Uchida, Kitayama, Mesquita, Reyes, & Morling, 2008）。

　欧米に見られる相互独立的自己観が優勢な社会では，自己を他者から分離した独自の存在としてとらえているため，「個人」としての自己の発達，自律性，独自性などが強調される。これは，個人主義的文化における自己観といえる。

　しかしながら世界にはさまざまな文化，価値観がある。それらがインクルーシブな社会の中でどのように影響し合い，刻々と進化するコミュニケーションツールをどのように駆使して自己の発達に関与していくのかについては，今後のさらなる研究課題となるであろう。

4. 個人志向性と社会志向性

　人間の発達は，社会化と個人化という2つの側面からとらえられる。前者は他者との関わりの中でその社会の成員としてふさわしい態度を獲得していくことであり，後者は独自の個性を受容し尊重しながら主体的に自分自身を生かしていく過程を意味する。この2つの過程は，単なる加算ではなく，両者が時には対立し，時には葛藤を生じつつも，相互に連関を持ちながらより統合的な方向へと変化していくプロセスである。

　この社会化・個人化という発達の2側面をとらえるものとして，伊藤（1993）は，社会志向性，個人志向性という概念を提起した（**表5.2**）。社会志

表 5.2　個人志向性・社会志向性尺度項目（伊藤，1993）

〈個人志向性　8 項目〉
　　2.　自分の個性を活かそうと努めている。
　　3.　自分の心に正直に生きている。
＃ 5.　小さなことも自分ひとりでは決められない。
＃ 7.　自分の生きるべき道が見つからない。
　　9.　自分が満足していれば人が何を言おうと気にならない。
　13.　自分の信念に基づいて生きている。
　15.　周りと反対でも自分が正しいと思うことは主張できる。
＃ 17.　自分が本当に何をやりたいのかわからない。
〈社会志向性　9 項目〉
　　1.　人に対して，誠実であるように心掛けている。
　　4.　他の人から尊敬される人間になりたい。
　　6.　他の人の気持ちになることができる。
　　8.　他人に恥ずかしくないように生きている。
　10.　周りとの調和を重んじている。
　11.　社会のルールに従って生きていると思う。
　12.　社会（周りの人）のために役に立つ人間になりたい。
　14.　人とのつながりを大切にしている。
　16.　社会（周りの人）の中で自分が果たすべき役割がある。

＃：反転項目

図 5.11　マズローの欲求 5 段階説

向性とは，社会適応や文化適応を終局点として，他者あるいは社会の規範に
則った生き方への志向性を意味し，**個人志向性**とは，自分独自の基準を尊重し，
個性を活かした生き方への志向性であり，その終局には“自己実現”（Maslow,
1954）という状態が想定される。

　アメリカの心理学者マズロー（Maslow, A. H.）は，人の欲求を 5 段階の階層
として理論化した（図 5.11）。彼は，1943 年に発表した『人間の動機づけに関
する理論（A theory of human motivation）』という論文で，「人は自己実現に向
けて絶えず成長する存在である」という仮定に基づいて「自己実現理論

（Maslow's hierarchy of needs）」を提唱した。

　これをマズローの欲求5段階説という。この理論によると，人の基本的欲求は5段階の階層になっていると仮定され，原則として，人はまず低階層の欲求の充足を求め，その欲求が一定程度充足されると1つ上の階層の欲求の充足を求めるようになるというものである。

5. 社会志向か個人志向か

　2019（平成31）年の「社会意識に関する世論調査」（内閣府，2019）によると，「国や社会のことにもっと目を向けるべきだ」という考え方と「個人生活の充実をもっと重視すべきだ」という考え方について，現代の若者の志向を時系列的に見ると，後者の割合が年々高まっている。さらに，年齢別に見ると，若い世代ほど，「個人生活の充実をもっと重視すべきだ」と考える割合が高いというデータがある。このような結果は，前述の文化的自己観や個人・社会志向性にどのような影響を与えているのであろうか。

　先にも述べたように，わが国の若者は相互協調的自己観が優勢で，他者との関係性が個人の自尊感情や幸福感に影響を与えていると考えられる。理想自己，現実自己といった自己のあり方など（3.1.2参照），個人の価値意識が社会の中でどのように育まれ，変化していくのか，大変興味深いテーマである。

5.3　青年期を取り巻く環境と反社会的行動

　適応とは，『デジタル大辞泉』によると，「人間が，外部の環境に適するように行動や意識を変えていくこと」とされる。すなわち個人が自然や社会的な環境，および自分自身の心理的な世界に対して適合する行動ができる状態であり，さまざまな自己の欲求を処理していく過程でその欲求処理が円滑に行われていることである。

　しかし，その欲求処理がうまくできなかったり，処理する能力が欠けていたりすると，心と体はそのバランスを崩し，何らかの心身の障害を招く状態になる。その結果，環境との間で良好な関係が保てなくなり，適切な行動がとれないで心理的不安が増すようになる。これを不適応といい，青年期はその発達的な特徴から心身のアンバランスな状態が「心の健康」に影響し，非行などの不適応行動として現れや

すい時期でもある。ここでは，非行問題と子どもの貧困問題について考えていく。

5.3.1　青年と非行

1. 少年非行の変遷

　非行とは，社会的な規範に反する行為を総称する概念である（田川，1999）。少年非行の変遷を見ると，戦後3つの大きな波を経て，現在は第4の波といわれている。第1の波（昭和20〜30年）は戦後の混乱と復興を社会背景とした「貧困型非行」で，貧困や欠損家族で育つ少年による窃盗などの財産犯を主流とする時期である。18，19歳の年長少年による非行の割合が高く，戦争の影響により両親がそろっている家庭は半数以下，しかもその7割が低所得者層という世情であった。

　第2の波（昭和34〜47年）は「反抗型非行」といわれている。東海道新幹線の営業開始，東京オリンピックの開催などに示されるように，高度成長による都市化などの社会変動を背景とし，既成の価値観に対抗する若者文化が出現した時期であった。第1次ベビーブーム世代の16，17歳の中間少年を中心として，傷害，暴行，恐喝，強姦等の粗暴犯が多発した。中学卒業後「金の卵」と呼ばれ，都会に出てきた少年たちが適応に失敗して非行に走る例も多かった。また，この頃は昭和43年の東大紛争など大学生が権威や権力に反抗し，「カミナリ族」「みゆき族」などが現れた。

　第3の波（昭和48〜平成2年）は「学校型非行」といわれている。石油ショックによる経済低成長とその後に生じた土地や株の投機による急激な経済的変動の中で，刹那的，快楽的な社会風潮を呈した時期であると同時に，昭和58年は，ファミコンと東京ディズニーランドが登場した年でもあり，子どもたちがITや仮想現実の世界に埋没し始めた時期でもある。

　受験戦争が過熱し，昭和58年をピークとして，中学校では校内暴力が全国的に発生して社会問題となる一方，万引き，自転車窃盗，原動機付二輪車窃盗などの遊び感覚の非行が，若年層（14，15歳）を中心に増加した。また，高校進学率が9割を超え，親の過剰な期待や落ちこぼれ等，さまざまな不安が増すことで，目標を見失い，自分自身の課題と向き合うことから逃避するような

非行が増大した。

　そして第4の波（平成3年〜現在）は「現代型非行」または「いきなり型非行」「暴発型非行」といわれている。バブル経済が崩壊し，完全失業率が増加，就職氷河期と呼ばれるなど長期にわたって経済が低迷した。また，少子高齢化がすすみ，平成8年頃からは小学校の学級崩壊も問題となっている。

　そのような，さまざまな面で従来の価値観の転換が迫られる中，平成9年には14歳の少年による神戸連続児童殺傷事件や山形マット死事件，平成12年には17歳前後の少年たちによる社会を震撼させる凶悪事件が起こっている。非行少年の「増加」「凶悪化」「低年齢化」が指摘され，平成12年には少年法が改正された。

　集団非行としては，「オヤジ狩り」といわれるような強盗事件，平成14年の東村山市の中学3年生数名によるホームレス殺害事件など，「狩り」と称したゲーム感覚の凶悪事件が起こっていることも特徴的である。また，「援助交際」の増加も社会問題となっている。少年人口の減少に伴い，少年非行も統計的には減少傾向にあったが，平成8年からは上昇に転じている。

2.　青少年の特異性

　非行を行った少年に対しては，成人とは異なる法理念に基づいた処遇の必要があるといわれている。その根拠として，以下のような青少年の特異性があげられている。

(1) 可塑性・教育可能性の高さ。

(2) 人格の未熟さ。

(3) 成人に比べ，刑罰が苛酷に作用する。

(4) 社会の寛容さが期待できる。

(5) 受刑生活を送ること自体の弊害が強く働き，情操を害される恐れが高い。

(6) しばしば虐待経験を有するなど被害者性を有している。

　少年非行には，自己の行動に対し自己統制（self-control）ができない内的要因と社会病理的な要因（外的要因）が混在している。その要因として，幼少期からの家庭の機能障害や欠損家庭，親の機能不全や不適切な養育態度（過干渉や放任など），愛着関係の欠如といった親の喪失・不在などがあげられている

（小関，2018）。本来，家庭には，「親の目」という監視機能，「しつけ」という教育機能，「スキンシップ」による情緒安定機能，「子どもの壁」となる保護機能という4つの機能があり，それらが犯罪抑止機能として作用しているといわれてきた。しかし，実際には必ずしもこれらがしっかりと機能していない現状がある。

　こうした特異性ゆえに，周囲から影響を受けると安易に犯行に及んでしまい，行動を統制する能力の低さから，歯止めがきかずに意図に反して重大な結果を引き起こしてしまう可能性も高いといえる。

3.　非行少年の3類型

　少年とは，現行の少年法では男女問わず20歳未満の者であるのに対し，児童福祉法では18歳未満の者となっている。未成年者の精神的な成長発達は，生育環境や学校・地域などその成長に影響を及ぼす要因が多岐にわたる。複雑な人間関係や家庭環境などが多様化する現代社会において，一律の年齢範囲でくくることは難しいが，非行少年という言葉について，現在の法律では以下の3つの類型を指す。

(1)　犯罪少年（14歳以上20歳未満の罪を犯した少年）。

(2)　触法少年（14歳に満たないで刑罰法令に触れる行為をした少年。14歳に達していないので刑事責任を問われないため，犯罪とは言わずに触法という）。

(3)　虞犯少年（性格，環境等から将来，罪を犯し，または刑罰法令に触れる行為をする恐れのある少年）。

4.　今日の少年非行とその特徴

(1)　少年事件の量的な拡大傾向

　少年刑法検挙人員の人口比（10歳以上20歳未満の少年人口1,000人当たりの検挙人員の比率）は，1992（平成4）年の12.2人から98年には15.0人に上昇した。この数値は，第1期のピークである1951（昭和26）年の9.5人，第2期のピークである1964（昭和39）年の11.9人よりはるかに高く，第3のピークである1983年の17.1人に迫るものである。しかし，1999年には再び減少し，14.0人であった。

(2) 「いきなり型」と呼ばれる非行の増加

　キレる子どもの特徴およびその原因については，明確な定義はない。現象的な説明として，「キレる」とは，「過去に取り立てて大きな衝動的な攻撃行動は認められず，それゆえに周囲の予想に反して，突然攻撃に出る行為で，特に衝動的な行為に出る際にナイフなどの凶器を用いることにより重大な非行に及ぶ可能性のある行為」を指すと考えられる。いわゆる「普通の子」が「突然重大な非行に及ぶ」ことが世間を驚かせると同時に問題視され，原因の究明と対策が叫ばれている（藤田，1999）。

(3) 非行少年と一般中・高校生の規範意識

　警視庁少年育成課少年相談室のアンケート調査（1999 年東京都内）では，違法行為について「本人の自由」と答えた割合は，非行少年より一般中・高校生がほとんどの設問で高い。また，その他の項目についても，凶器所持（本人の自由と答えた割合；非行少年 19.2％，一般少年 23.8％），テレクラ利用（非行 40.6％，一般 49.7％），援助交際（非行 29.1％，一般 35.75％），薬物利用（非行 16.1％，一般 20.9％）と一般中・高校生のほうが高い値となっている。

　総務庁の「青少年の暴力観と非行に関する研究調査」（1999 年）では，一般少年と鑑別所内の非行少年（暴力非行少年とその他の非行少年）とに分けて調査を行っている。「親を殴りたいと思ったことがある」と答えたのは，一般高校生 33.1％，一般中学生 25.4％，一般高校女子 23.9％に対し，暴力非行少年の男子は 25.4％であった。いじめについては，「自分がやられるかもしれないから知らんふりしても仕方がない」と答えたのは，一般高校生では男子 47.5％，女子 48.8％であったのに対し，非行少年は男女ともに 30％前後であった（村山，2000）。このように，非行少年とそうでない子どもとの規範意識がほとんど変わらないばかりでなく，むしろそうでない子どもたちのほうに規範意識の低さが見られる。

5.3.2　少年非行の背景要因

1. 非行原因の理論的枠組み

　非行の背景要因は必ずしも 1 つではなく，さまざまな要因が絡み合っている

場合が多い。以下に，非行原因を探るための理論的枠組みについてみていく。

(1) フロイト理論

　善悪の区別がつかない幼少期には，親が子どもの行動に対して叱ったり誉めたりすることによって，次第に社会のルールを知り，道徳感情が芽生えていく。親の規範意識や倫理が子どもの無意識の中に取り入れられ内面化したものを**超自我**という。これは成長した後も「内面の声」として，人間の行動をコントロールしていると考えられる（福島，1985）。

　これは，校内暴力や万引き・自転車盗など，「初発型非行」を行った少年少女の親の養育態度に「放任」が多いということからも容易に想定できる。逆に，子どもが社会で適応的に育っていくには，自分と両親を同一化することによって両親の道徳性を取り入れながら，倫理性を内面化することが大切である。この内面化の過程は，就学前期にあたたかい支援的な家族の中でのみ進んでいくとされる。

(2) アタッチメント理論

　乳児院・養護施設などで育った子どもや，小さい頃に母親のあたたかい愛情やスキンシップに恵まれずに成長した子どもの中には，非行に走ったり，人間的な感情に乏しかったりするなど，独特のパーソナリティを示すものが多い。

　この根源的な体験の欠損は，フロイトのいう口唇期的欲求の異常な亢進を招いて，万引きなどの窃盗累犯などをもたらすこともある。また，やり場のない怒り・恨みが，攻撃性の無差別な発散として表現されることもある。

　甘えの欲求が満たされないままにされると，容易に恨みや怒りや攻撃性に転化する。福島はこれを「甘えと攻撃」という理論にまとめている（福島，1985）。親から離れて育てられた乳幼児を直接経過観察した研究では，彼らは知能や学問的知識において著しく遅滞し，永続的な努力をする能力を欠き，反抗的で冷たく，感受性が鈍く，非社交的で孤立的な人格に成長したという。つまり，後年の性格形成や社会適応を決定する因子として，母子関係の重要性が確認されているのである（石川，1985）。

(3) アドラーの個性心理学理論

　アドラー（Adler, A.）は，神経症や非行の原動力を劣等感と心理学的補償作

用にあると考えた。彼の説くところによれば，虚弱もしくは不完全な期間を有する子ども，厳格にあるいは愛情も何もなしに養育される子ども，あまりに甘やかされる子どもが特に重視され，これら3つの情況は子どもに不足と劣等の感情を作り出し，その反動として人間力を超えた野望を抱かせる。不確実と劣等の気持ちは，常にその補償と完全とを獲得するために，より高い水準に到達しようとする欲望を引き起こすと考えられる（石川，1985）。

(4) 危 機 理 論

森（1985）は，非行の「原因」ないし「反応の一つとして非行の原因となりうる要因」としての「危機」に注目し，危機を以下のように3つに分けるところから理論化を行った。

①基本的危機

資質・人格・環境・文化的な偏りによって，社会生活において正常な適応ができないようなパーソナリティを作るもの。

②個人的危機

日常生活の場面で，偶発的・突発的に出会う危機であり，思春期の少年少女の場合には，失恋，就職・進学の失敗，環境変化，友人の問題，欲求不満，葛藤，情動，大人に怒られる恐れなどがある。

③青年期危機

これは時代や文化によって異なった様相を示し，変動が著しい社会ほど深刻である。もちろん，成熟や発達が危機であるという意味は，不安・絶望・動揺などを体験しやすいということではあるが，その危機の時期は，同時に新たな生成・展開に向かう可能性をはらんでいる。

2. 疎 外 感

問題行動を「**疎外感**」の観点から説明しようとする研究がいくつか見られる。ディヴィヅ（Davids, 1955）は，疎外感を自己中心性，不信，厭世感，不安，怒りという下位概念から定義し，疎外感の強い者は，自己と他者一般，および理想的人間との間により大きな隔たりを感じ，自我強度に欠けることを報告している。そして，シューベルトとワーグナー（Schubert, D. S. P., & Wagner, M. E., 1975），ウォルフ（Wolfe, R. N., 1976）は，時代とともに，青少年の疎外感

が高くなりつつあることを示した。

　また，疎外感の強い者ほど両親をネガティブにとらえる傾向があること
（Rode, 1971），疎外感が強い者ほど幼児期における母性的配慮の欠如や家庭の
不和を訴えたこと（Paulson et al., 1974）が報告されている。そして，青年期
における疎外感と適応との関係を検討した宮下・小林（1981）は，問題児群と
一般児群との比較において，問題児群の疎外感は有意に高く，疎外感は自我同
一性と負の有意な相関があるという結果を得ている。

3. 劣 等 感

　2000（平成12）年5月，福岡県を走行中の高速バスが刃物を持った17歳の
少年に乗っ取られた。少年は乗客を人質にとり，刃物を運転手に突きつけて東
に向かうように指示した。その間，少年は乗客に切りつけ，乗客1人を死亡さ
せた。広島県警は停車中のバスに特殊部隊を突入させ，少年を現行犯逮捕した。
人質になっていた小学1年の女の子ら乗客の女性9人と運転手は，事件発生以
来，約15時間半ぶりに救出された（西鉄バスジャック事件）。

　当時，少年は動機については「言いたくない」と供述している。また，報道
によれば，その3年前に発生した神戸連続児童殺傷事件にも強い関心を持ち，
この事件の加害者に対して対抗心のようなものまで持っており，「自分はもっ
とでかいことをしてやる」と言っていたと伝えられている。

　この事件は，少年が事件を起こすに至った背景に強い**劣等感**があったことが
指摘されている。碓井（2008）は『誰でもいいから殺したかった！──追い詰
められた青少年の心理』でこの事件について，「乗っ取り事件は，かつては思
想犯が多かったが，思想的背景がない場合は，強い劣等感をもった人が起こし
やすい犯罪であり，地位であれ，お金であれ，容姿であれ，弱い心を守る鎧を
持っている人はまだいいのだが，そんな鎧を持たず，でも劣等感につぶされそ
うな心を守るために，罪を犯してしまう人がいる」と述べている。

　劣等感の生じる領域については，井上（1987）が，小中学生を対象とした研
究の中で，能力要因・性格行動要因・身体要因・社会経済要因の4種類をあげ
ているが，同様の研究の中で必ずしもその分類が一致しているとは限らない。

　また，青年期における劣等感の発達的変化について，高坂（2008）は，自己

の重要領域と劣等感得点との関連を検討している。それによると，中学生では知的能力を重要領域とし，学業成績の悪さに劣等感を感じ，高校生では対人魅力を重要領域とし，身体的魅力のなさに劣等感を感じている。大学生では，自己承認を重要領域とするようになると，友だち作りの下手さに劣等感を感じるが，人間的成熟を重要領域とするようになると，劣等感はあまり感じられなくなることを示している。

一般に，青年期は自己に目を向ける中で，身体的な変化によって自己評価が不安定になり，自己の価値を確認するために他者比較をしがちである（高田，1992）。また，高校受験や大学受験など，社会からも競争を強要されるような自他の相対的位置づけを強く意識させられる青年期は，他の時期に比して劣等感も強まると考えられる。

4. 非行と家庭

星野（1999）は，総務省青少年対策本部が行った非行原因に関する総合的調査研究の結果をもとに，家庭における主な非行原因を以下のように示している。

(1) 子どもへの無関心（放任），体罰，過干渉，情緒的安定機能の欠如など

これらは，子どもに不安，悩み，緊張などをもたらし，それが非行を動機づけるという過程をたどって非行を発生させる。

(2) 非行抑制要因の欠如

非行抑制要因とは，子ども自身の内部にあり，心理的に非行を抑制し，子どもを遵法的社会に結びつける絆として作用する要因である。親への同一化，親への愛着，認知された「子どもに対する親の信頼」，家庭における役割意識などがそれに当たる。それが形成されなかったり消滅したりすると，子どもは非行化への道をたどりやすくなる。

(3) 逸脱した家庭の文化

子どもがそれに同調したときに非行化が引き起こされる。社会的目標との隔絶，遊び文化への志向に対する許容などの文化的水準の低さがこの種の要因とされる。

しかし，そういった問題のある家庭においては，親も深く傷ついていることが多い。今日，非行少年の家族に対する援助方法も確立されつつあるが，それ

は大抵非行が起こってから行われている。今後は，これらの結果をふまえ，非行を未然に防ぐための取組みが必要である。専門家と親，または親と親が連携し，相談し合えるような環境を作っていかなければならない。

　いわゆる「普通の子」が非行に走る今日では，少年にとって一番身近な家庭に非難の目が向けられがちである。だが，家庭にばかり原因を求めても非行問題は解決しない。問題のある家庭に居ながらも非行に走らない少年もいる。もっと多くの側面から原因を見つけ，それに合った対策をしていく必要があるだろう。

5.3.3　子どもの貧困

1. 家庭環境と子どもの貧困

　1990年代以後，成人期への移行に困難を抱える若者が増加した。それは，青年期から成人期への移行を規定する社会システムが，学校・企業・家族・地域社会の変容の中で機能麻痺を起こした結果であり，日本型青年期モデルは崩壊したと言われている（ビッグイシュー・オンライン編集部，2015）。

　その中でも，学校を卒業した後，就労でつまずく若者たちの背景要因の一つとして，生育家庭の問題があることが指摘されている。2000年代以後，所得格差が拡大し，そこに至るまでの学校歴における不登校や中退者に，心身の疾病や障害，家族関係や経済状況に問題を複合的に抱える例が少なからず見られた。その結果，恵まれた若者とそうでない若者の二極化が進んだ。

　2014年，「子どもの貧困対策の推進に関する法律」が施行されたのは，日本の子どもの6人に1人が貧困の状態にあるという実態を反映したものである。そして，子どもの時期の貧困は，若者の時期の貧困につながっている。

　また，「NHK視点・論点『子どもの貧困を防止する』」（2013年6月25日放送）では，子どもの貧困は，単に家庭にお金がないというシンプルな問題ではなく，子どもの虐待やドメスティック・バイオレンス，病気や精神疾患，自殺，犯罪，破産による家庭崩壊など，さまざまな複合的な困難が絡まっていることが多く，家庭が社会的に孤立しがちであると論じている。したがって，縦割り行政の壁を取り払い，関係諸機関・団体・支援者がチームで対応することの必

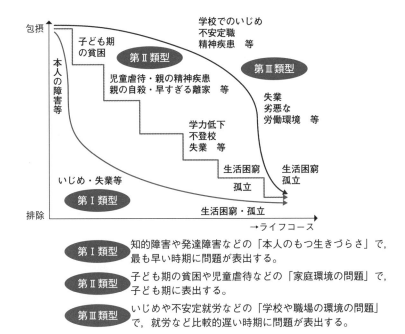

図 5.12　**社会的排除のプロセス──3つのパターン**（内閣官房社会的包摂推進室，2011）

要性が述べられている。

2. 社会的排除のプロセス

2011（平成23）年，内閣官房社会的包摂推進室が，さまざまな問題を抱えた若者53事例について，幼少期から現在までのプロセスを分析した。その結果，これらの事例が抱える潜在リスクは重複しており，「社会的排除」に陥ったプロセスも類似していることがわかった。これによると，これまで別々の社会問題とされてきたものが，「社会的排除」という1つの社会問題としてとらえられ，そのプロセスが3つのパターンで示されている（図5.12）。

3. わが国の貧困対策

2014（平成26）年，子どもの貧困対策として，子ども等に対する教育の支援，生活の支援，就労の支援，経済的支援等の施策を，子どもの将来がその生まれ育った環境によって左右されることのない社会を実現するという理念のもと，「子どもの貧困対策の推進に関する法律」が施行された。施行5年後の見直し

をふまえ，子どもの貧困対策に関する有識者会議における提言（令和元年8月公表）では，「今後の子供の貧困対策の在り方について」と題し，子育てや貧困を家庭のみの責任とせず，地域や社会全体で課題を解決するという基本的な方針のもと，以下の3つの視点をあげている。

(1) 親の妊娠・出産期から子どもの社会的自立までの切れ目のない支援

(2) 地方公共団体による取組みの充実

(3) 支援が届かない，または届きにくい子ども・家族への支援

　具体的な方向性として，教育の支援・生活の安定に資するための支援・保護者に対する職業生活の安定と向上に資するための就労の支援・経済的支援・調査研究，施策の推進体制等をさらに推進していくこととなっている。具体例を以下にいくつかあげる。

(1) こども食堂

　こども食堂とは，地域住民や自治体が主体となり，無料または低価格帯で子どもたちに食事を提供するコミュニティの場を指している。これは，民間発の自主的，自発的な取組みから始まったが，今では「人が多く集まる場所」ができたことで，地域住民のコミュニケーションの場としても機能している。2018（平成30）年，全国で2,286カ所のこども食堂があると推定され，2019（令和元）年6月に発表された最新のデータでは，3,700カ所と急速に増えている（NPO法人全国こども食堂支援センター・むすびえ，2018，2019）。

(2) スクールソーシャルワーカーの配置

　2014（平成26）年度より配置人数を1.5倍に，貧困家庭が多く緊急性が高いと考えられる地域について配置日数を増やし，相談を充実させている。

(3) 地域未来塾

　経済的な理由や家庭の事情によって家庭での学習が困難であったり，学習習慣が十分に身についていなかったりする中学生等に対して，学習習慣の確立や基礎学力の向上を目的に，地域住民の協力により原則無料の学習支援を行っている。

(4) 自立支援資金貸付事業

　児童養護施設等を対象として，就職，進学した人が安定した生活基盤を築き，

円滑な自立を実現するため，家賃相当額や月額 5 万円程度の生活費について貸付を行っている。

5.3.4 キレる若者

1.「キレる子」と親の養育態度

「キレる 17 歳」とは，2000 年およびその前後に相次いで発生した凶行を起こした，17 歳前後（1982 年度から 1986 年度生まれ）の少年を指した言葉で，特に 1982 年生まれと 1983 年生まれの少年凶悪犯がこう呼ばれた。豊川市主婦殺人事件，西鉄バスジャック事件，岡山金属バット母親殺害事件，山口母親殺害事件，大分一家 6 人殺傷事件，歌舞伎町ビデオ店爆破事件などが，彼らが起こした主な事件である。

「キレる子」について，国立教育政策研究所は 2002（平成 14）年 6 月，親の不適切な育て方が大きな要因になっているとする調査結果を発表した。この調査は，2001（平成 13）年に，首都圏の養護教諭や警察，児童相談所などを通じて，「キレる」状態の問題行動が報告された幼稚園児から高校生までの 654 人の家庭，学校環境を調べたものである。対象となった子どもの男女比は，男子が 87.8%，女子が 12.2% であった。

親の子どもに対する態度を見ると，76% の子どもの親に，過保護，過干渉，放任などの「不適切な養育態度」が見られた。そのうち最も多かったのが，「指示のしすぎ」で 19%，「過度の要求」と「過干渉」がそれぞれ 11% を占めた。それとは逆の「放任」が 15%，「過保護」が 14% を占めており，同研究所は「両極端な育て方がキレる要因」としている。また，家庭の状態では，親の離婚や夫婦の不仲などで子どもが不安を感じ，「緊張状態」にあるケースが 64% に上った。特に両親が離婚した家庭が 25% を占め，父親不在（15%），夫婦不仲（13%）とともに高かった。家庭内で暴力や体罰を受けた例は 24% であった。

2. 脳科学から見た「キレる」原因

「キレる」原因として，脳科学の専門家からは主に以下の 3 つの意見があげられている。

(1) 前頭前野の未発達

　人間の脳には前頭前野という部位があり，ここが物事全体を把握して，欲望や感情を抑える働きをしている。脳の前頭前野は食欲や睡眠欲など動物的な本能を司る大脳辺縁系などが先に発達するのに比べ，脳の中でも最後に成長し，10代の終わりまで発達し続けるといわれている（滝沢他，2012）。例えば，腹が立つことがあっても，ここは冷静に，落ち着いて対応をしよう，というような判断を下すのがこの部分である。

　一般に，脳は使えば使うほど発達するが，使わなければ発達しない。したがって，子どもの頃に我慢や抑制をせずに育つと，この部分の発育が弱くなるといわれている。

　発達心理学においては，行動の抑制は乳児期に萌芽が見られ，幼児期に著しく発達し，児童期から青年期まで緩やかに発達が続き，老年期にはその能力が低下することが知られている（森口，2012）。児童期以降においても，行動の抑制の発達と前頭前野の活動には密接な関連がある。

(2) セロトニンの不足

　有田（2004）は，脳の中にあるセロトニンという神経伝達物質の欠乏を原因の一つにあげている。これは前頭前野の機能をスムーズにするために必要な物質で，有田は「これが現代人には不足しており，キレる人が増える理由になっている」と指摘する。

　セロトニンを分泌させるセロトニン神経は，脳の中心である脳幹のさらに中央部分の縫線核というところにある。ところが，疲労，ストレス，夜型生活，運動不足，人とのコミュニケーション不足などで，セロトニン神経の働きが弱まってしまう（成田，2006）。パソコンやスマホが普及した現代の生活が，セロトニン神経を弱らせていると指摘されている。

(3) 血糖値の乱高下

　砂糖の大量摂取は，インスリンの過剰分泌を起こす。砂糖の大量摂取で血糖値が乱高下すると，すい臓からインスリンが大量に分泌され，低血糖症につながる。低血糖とは，血液の中のブドウ糖の濃度である血糖値が低くなることを指すが，脳のエネルギーとなるブドウ糖が十分に送られてこないため，さまざ

まな症状が起こる。

　低血糖になると，疲労感を覚え，体を動かすのもおっくうになる。また，比較的高めだった血糖値が急激に下がると，集中力が途切れ，ぼーっとしたり，理由もなくイライラしたりすることもある。そして精神疾患の症状（統合失調症，うつ病），パニック障害，免疫不全などのさまざまな病気を引き起こすといわれている。ひどい場合は，イライラ，ソワソワが錯乱につながり，非常に苦しくなって反社会的な事件を起こすこともあるという（大沢，2009）。

　そのような状態に陥らないためにも，必ず朝食を食べる，小さい子どもには，食事以外におやつも与える，血糖値を緩やかに上げるため，よく噛んで食べる，甘いお菓子やジュースを控える，空腹時の激しい運動は控えるなど，現代人の食生活改善の課題が示唆されている。

引 用 文 献

1.1

Goethe, J. W. von (1811-1814). *Dichtung und Wahrheit, aus meinem Leben* (Vols.1-3). Stuttgart: Tübingen: Cotta.

(ゲーテ, J. W. 小牧 建夫 (訳) (1941). 詩と真実 岩波書店)

Havighurst, R. J. (1972). *Developmental tasks and education* (3rd ed.). New York: Longman.

(ハヴィガースト, R. J. 児玉 憲典・飯塚 裕子 (訳) (1997). ハヴィガーストの発達課題と教育――生涯発達と人間形成―― 川島書店)

Hymans, P. G. (1994). Developmental tasks: A cultural analysis of human development. In J. J. F. ter Laak, P. G. Hymans, & A. I. Podol'skij (Eds.), *Developmental tasks: Towards a cultural analysis of human development* (pp.3-33). Dordrecht, Boston, & London: Kluwer Academic.

井上 健治・柏木 惠子・古沢 頼雄 (編) (1975). 青年心理学――現代に生きる青年像―― 有斐閣

加藤 隆勝・森下 由美 (1989). 「青年」ということばの由来をめぐって 筑波大学心理学研究, *11*, 57-64.

村田 孝次 (1992). 発達心理学史 培風館

西平 直喜 (1997). 青年心理学研究における〈問い〉の構造 青年心理学研究, *9*, 31-39.

Oelter, R. (1986). Developmental task through the life span: A new approach to an old concept. In P. B. Baltes, D. L. Featherman, & R. M. Lerner (Eds.), *Life-span development and behavior*. Vol.7 (pp.233-269). New York: Psychology Press.

Orford, J. (1992). *Community psychology: Theory and practice*. John Wiley & Sons.

(オーフォード, J. 山本 和郎 (監訳) (1997). コミュニティ心理学――理論と実践―― ミネルヴァ書房)

白井 利明 (編) (2006). よくわかる青年心理学 ミネルヴァ書房

高橋 一公・中川 佳子 (編著) (2019). 発達心理学 15 講 北大路書房

徳田 安俊 (1982). 青年心理学入門――発達の課題とその理解―― 川島書店

1.2

Chantrell, G. (Ed.). (2002). *The Oxford dictionary of word histories*. New York: Oxford University Press.

(チャントレル, G. (編) 澤田 治美 (監訳) (2015). オックスフォード英単語由来大辞

　　典　柊風舎）

中央教育審議会（2011）．今後の学校におけるキャリア教育・職業教育の在り方について（答申）　文部科学省　Retrieved from https://www.mext.go.jp/component/b_menu/shingi/toushin/__icsFiles/afieldfile/2011/02/01/1301878_1_1.pdf

Havighurst, R. J.（1953）．*Human development and education.* New York: Longman.
　　（ハヴィガースト，R. J. 荘司 雅子（監訳）（1995）．人間の発達課題と教育　玉川大学出版部）

Havighurst, R. J.（1972）．*Developmental tasks and education*（3rd ed.）．New York: Longman.
　　（ハヴィガースト，R. J. 児玉 憲典・飯塚 裕子（訳）（1997）．ハヴィガーストの発達課題と教育――生涯発達と人間形成――　川島書店）

日野林 俊彦（1983）．男子精通現象について――発達加速現象の観点より――　大阪大学人間科学部紀要，*9*，71-93.

日野林 俊彦（研究代表者）（2013）．発達加速現象に関する進化発達心理学的研究　科学研究費助成事業（科学研究費補助金）研究成果報告書，C-19.

井上 健治・柏木 惠子・古沢 頼雄（編）（1975）．青年心理学――現代に生きる青年像――有斐閣

笠原 嘉（1976）．今日の青年期精神病理像　笠原 嘉・清水 将之・伊藤 克彦（編）青年の精神病理 1（pp.3-27）　弘文堂

溝上 慎一（2010）．現代青年期の心理学――適応から自己形成の時代へ――　有斐閣

西平 直喜（1990）．成人になること――成育史心理学から――　東京大学出版会

高野 清純・石川 典子・斉藤 浩子・田中 祐次（1977）．図説幼児・児童心理学　日本文化科学社

竹田 亘（2004）．一人前　スーパーニッポニカ Professional Windows 版　小学館

白井 利明（2006）．青年期はいつか　白井 利明（編）よくわかる青年心理学（pp.4-5）　ミネルヴァ書房

白井 利明・都筑 学・森 陽子（2002）．やさしい青年心理学　有斐閣

山極 寿一（2008）．人類進化論――霊長類学からの展開――　裳華房

山内 俊雄・森 隆夫・西村 良二・前田 潔（編）（2008）．一般精神科医のための子どもの心の診療テキスト　厚生労働省雇用均等児童家庭局

1.3

浅野 智彦（2012）．若者論の現在　青少年問題，*59*，8-13.

Bühler, C.（1922/1967）．*Das Seelenleben des Jugendlichen: Versuch einer Analyse und Theorie der Psychischen Pubertät.* Stuttgart: Gustav Fischer Verlag.
　　（ビューラー，C. 原田 茂（訳）（1969）．青年の精神生活　協同出版）

Erikson, E. H., & Erikson, J. M.（1997）．*The life cycle completed: A review*（Expanded ed.）．New York: W. W. Norton.
　　（エリクソン，E. H. ・エリクソン，J. M. 村瀬 孝雄・近藤 邦夫（訳）（2001）．ライフ

サイクル，その完結（増補版）　みすず書房）

Gillis, J. R.（1981）. *Youth and history: Tradition and change in European age relations, 1770-present.* London: Academic Press.

　（ギリス，J. R. 北本 正章（訳）（1985）.〈若者〉の社会史──ヨーロッパにおける家族と年齢集団の変貌──　新曜社）

Hollingworth, L. S.（1928）. *The psychology of the adolescent*（pp.36-58）. New York: D. Appleton.

文部省調査局（編）（1962）. 日本の成長と教育──教育の展開と経済の発達──　帝国地方行政学会

西平 直喜・久世 敏雄（編）（1988）. 青年心理学ハンドブック　福村出版

白井 利明（2006）. 戦後日本の青年問題　白井 利明（編）よくわかる青年心理学（pp.10-11）ミネルヴァ書房

Spranger, E.（1924）. *Psychologie des Jugendalters.* Leipzig: Quelle & Meyer.

　（シュプランガー，E. 土井 竹治（訳）（1957）. 青年の心理　刀江書院）

田嶋 一（2016）.〈少年〉と〈青年〉の近代日本──人間形成と教育の社会史──　東京大学出版会

ウィルモス，J. R. 石井 太（訳）（2010）. 人類の寿命伸長──過去・現在・未来──　人口問題研究, *66*（3）, 32-39.

2.1

Caplan, P. J., & Caplan, J. B.（2009）. *Thinking critically about research on sex and gender*（3rd ed.）. Boston: Pearson Allyn and Bacon.

　（カプラン，P. J.・カプラン，J. B. 森永 康子（訳）（2010）. 認知や行動に性差はあるのか──科学的研究を批判的に読み解く──　北大路書房）

土肥 伊都子・廣川 空美（2004）. 共同性・作動性尺度（CAS）の作成と構成概念妥当性の検討──ジェンダー・パーソナリティの肯否両側面の測定──　心理学研究, *75*（5）, 420-427.

長谷川 洋子・橋本 宰・佐藤 豪（1999）. 対人関係における基本的構えが摂食障害傾向およびボディ・イメージの歪みに与える影響　健康心理学研究, *12*（2）, 12-23.

伊藤 裕子（1978）. 性役割の評価に関する研究　教育心理学研究, *26*（1）, 1-11.

伊藤 裕子（2003）. 高校生の性差観と性役割選択　柏木 惠子・高橋 惠子（編）心理学とジェンダー──学習と研究のために──（pp.126-130）　有斐閣

伊藤 裕子（編著）（2000）. ジェンダーの発達心理学　ミネルヴァ書房

上長 然（2007a）. 思春期の身体発育と抑うつ傾向との関連　教育心理学研究, *55*（1）, 21-33.

上長 然（2007b）. 思春期の身体満足度と生物社会文化的要因との関連──身体発育タイミングと身体に関する社会文化的プレッシャーの観点から──　神戸大学大学院人間発達環境学研究科研究紀要, *1*（1）, 7-15.

柏木 惠子（1972）. 青年期に於ける性役割の認知 II　教育心理学研究, *20*（1）, 48-59.

柏尾 眞津子（2006a）. 思春期のからだとこころ　白井 利明（編）よくわかる青年心理学

　（pp.42-43）　ミネルヴァ書房

柏尾 眞津子（2006b）. ジェンダー・アイデンティティ　白井 利明（編）よくわかる青年心理学（pp.46-47）　ミネルヴァ書房

Maney. J., & Tucker. P. (1975). *Sexual signatures on being a man or a woman.* New York: Little, Brown.

　（マネー，J.・タッカー，P.　朝山 新一・朝山 春江・朝山 耿吉（訳）(1979). 性の署名――問い直される男と女の意味――　人文書院）

文部科学省（2014）. 学校における性同一性障害に係る対応に関する状況調査について　文部科学省　Retrieved from https://www.mext.go.jp/component/a_menu/education/micro_detail/__icsFiles/afieldfile/2016/06/02/1322368_01.pdf

齊藤 誠一（2014）. 身体的発達　後藤 宗理・二宮 克美・高木 秀明・大野 久・白井 利明・平石 賢二・佐藤 有耕・若松 養亮（編）新・青年心理学ハンドブック（pp.138-148）　福村出版

Shaw, P., Kabani, N. J., Lerch, J. P., Eckstrand, K., Lenroot, R., Gogtay, N., Greenstein, D., Clasen, L., Evans, A., Rapoport, J. L., Giedd, J. N., & Wise, S. P. (2008). Neurodevelopmental trajectories of the human cerebral cortex. *The Journal of Neuroscience, 28* (14), 3586-3594.

白井 利明・都筑 学・森 陽子（2012）. 新版 やさしい青年心理学　有斐閣

杉原 隆（編著）(2008). 新版 運動指導の心理学　大修館書店

杉原 隆（2011）. 運動発達とスポーツ　無藤 隆・子安 増生（編）発達心理学 I　東京大学出版会

高石 昌弘・樋口 満・小島 武次（1981）. からだの発達――身体発達学へのアプローチ――　大修館書店

滝沢 龍・笠井 清登・福田 正人（2012）. ヒト前頭前野の発達と進化 日本生物学的精神医学会誌, *23*（1），41-46.

Tanner, J. M., Whitehouse, R. H., & Takaishi, M. (1966). Standards from birth to maturity for height, weight, height velocity and weight velocity: British children 1965 Part I. *Archives of Disease in Childhood, 41*（220），454-471.

都筑 学（2004）. 思春期の子どもの生活現実と彼らが抱えている発達的困難さ――小学校から中学校への移行期について――　心理科学, *24*, 14-30.

宇井 美代子（2014）. ジェンダーをめぐる状況　後藤 宗理・二宮 克美・高木 秀明・大野 久・白井 利明・平石 賢二・佐藤 有耕・若松 養亮（編）新・青年心理学ハンドブック（pp.385-396）　福村出版

2.2
土居 健郎（1971）. 「甘え」の構造　弘文堂

平石 賢二（2006）. 視点取得　白井 利明（編）よくわかる青年心理学（pp.28-29）　ミネルヴァ書房

Hoffman, M. L. (2000). *Empathy and moral development*. Cambridge: Cambridge University Press.

（ホフマン，M. L. 菊池 章夫・二宮 克美（訳）（2001）．共感と道徳性の発達心理学 川島書房）

稲垣 実果（2013）．思春期・青年期における自己愛的甘えの発達的変化 教育心理学研究, *61*（1），56-66.

板倉 昭二・開 一夫（2015）．乳児における共感の発達――その認知基盤と神経基盤―― 心理学評論, *58*（3），345-356.

川戸 佳（2007）．脳が作る性ホルモンと記憶学習の謎に迫る融合科学 湯浅 誠（編）生命システムをどう理解するか――細胞から脳機能・進化にせまる融合科学――（pp.128-135）共立出版

小林 亮（2006a）．道徳性 白井 利明（編）よくわかる青年心理学（pp.24-25） ミネルヴァ書房

小林 亮（2006b）．共感性 白井 利明（編）よくわかる青年心理学（pp.26-27） ミネルヴァ書房

小林 亮（2006c）．怒りと感情制御 白井 利明（編）よくわかる青年心理学（pp.34-35） ミネルヴァ書房

髙坂 康雅（2018）．ノードとしての青年期 ナカニシヤ出版

椙本 知子（2013）．怒り・攻撃性 二宮 克美・浮谷 秀一・堀毛 一也・安藤 寿康・藤田 主一・小塩 真司・渡邊 芳之（編）パーソナリティ心理学ハンドブック（pp.420-426） 福村出版

中間 玲子（2014）．感情の発達 後藤 宗理・二宮 克美・髙木 秀明・大野 久・白井 利明・平石 賢二・佐藤 有耕・若松 養亮（編）新・青年心理学ハンドブック（pp.161-172） 福村出版

Piaget, J. (1970). Piaget's theory. In P. H. Mussen (Ed.), *Carmichael's manual of child psychology* (3rd ed.). Vol.1. New York: John Wiley & Sons.

（ピアジェ，J. 中垣 啓（訳）（2007）．ピアジェに学ぶ認知発達の科学 北大路書房）

Reimer, J., Paolitto, D. P., & Hersh, R. H. (1983). *Promoting moral growth: From Piaget to Kohlberg* (2nd ed.). Prospect Heights, IL: Waveland Press.

（ライマー，J・パオリット，D. P.・ハーシュ，R. H. 荒木 紀幸（監訳）（2004）．道徳性を発達させる授業のコツ――ピアジェとコールバーグの到達点―― 北大路書房）

Shayer, M., & Wylam, H. (1978). The distribution of Piagetian stages of thinking in British middle and secondary school children. II-14-to 16-year-olds and sex differentials. *British Journal of Educational Psychology, 48*（1），62-70.

白井 利明（2006）．青年期の思考の特徴 白井 利明（編）よくわかる青年心理学（pp.22-23） ミネルヴァ書房

髙石 昌弘・樋口 満・小島 武次（1981）．からだの発達――身体発達学へのアプローチ―― 大修館書店

滝沢 武久（1992）. ピアジェ理論の展開——現代教育への視座—— 国土社

都筑 学（1999）. 大学生の時間的展望——構造モデルの心理学的検討—— 中央大学出版部

都筑 学（2007）. 青年の時間的展望 海保 博之（監修）南 徹弘（編）発達心理学（pp.203-215） 朝倉書店

都筑 学（2014）. 時間的展望 後藤 宗理・二宮 克美・高木 秀明・大野 久・白井 利明・平石 賢二・佐藤 有耕・若松 養亮（編）新・青年心理学ハンドブック（pp.210-220） 福村出版

山田 剛史（2014）. 学びの発達 後藤 宗理・二宮 克美・高木 秀明・大野 久・白井 利明・平石 賢二・佐藤 有耕・若松 養亮（編）新・青年心理学ハンドブック（pp.196-209） 福村出版

山岸 明子（2014）. 道徳性の発達 後藤 宗理・二宮 克美・高木 秀明・大野 久・白井 利明・平石 賢二・佐藤 有耕・若松 養亮（編）新・青年心理学ハンドブック（pp.185-195） 福村出版

山本 良子（2008）. 青年期・成人期・老年期における感情 上淵 寿（編著）感情と動機づけの発達心理学（pp.149-166） ナカニシヤ出版

山下 富美代（編著）井上 隆二・井田 政則・高橋 一公・山村 豊（著）（2002）. 図解雑学 発達心理学 ナツメ社

柳澤 邦昭・阿部 修士（2019）. 感情の脳科学 内山伊知郎（監修）感情心理学ハンドブック（pp.176-192） 北大路書房

3.1

阿部 美帆・今野 裕之（2007）. 状態自尊感情尺度の開発 パーソナリティ研究, *16*（1）, 36-46.

天谷 祐子（2013）. 自己意識・自我の発達 二宮 克美・浮谷 秀一・堀毛 一也・安藤 寿康・藤田 主一・小塩 真司・渡邊 芳之（編）パーソナリティ心理学ハンドブック（pp.232-238） 福村出版

American Psychiatric Association（2013）. *Diagnostic and Statistical Manual of Mental Disorders (DSM-5)*. VA: American Psychiatric Publication.
（アメリカ精神医学会 髙橋 三郎・大野 裕（監訳）（2014）. DSM-5 精神疾患の診断・統計マニュアル 医学書院）

新井 幸子（2001）. 理想自己と現実自己の差異と不合理な信念が自己受容に及ぼす影響 心理学研究, *72*（4）, 315-321.

千島 雄太（2014）. 大学生における自己変容に対する志向性の諸側面——人格発達, 心理的適応との関連に着目して—— 青年心理学研究, *25*（2）, 85-103.

遠藤 由美（1987）. 特性情報の処理における理想自己 心理学研究, *58*（5）, 289-294.

原田 宗忠（2008）. 青年期における自尊感情の揺れと自己概念との関係 教育心理学研究, *56*（3）, 330-340.

板津 裕己（1994）. 自己受容性と対人態度との関わりについて 教育心理学研究, *42*（1）,

86-94.

James, W.（1892/1984）. *Psychology, briefer course.* Harvard University Press.

　　（ジェームズ, W.　今田 寛（訳）（1992）. 心理学（上）　岩波書店）

梶田 叡一（1988）. 自己意識の心理学　東京大学出版

上地 雄一郎・宮下 一博（2005）. コフートの自己心理学に基づく自己愛的脆弱性尺度の作成　パーソナリティ研究, *14*（1）, 80-91.

川崎 直樹（2013）. 自己愛的パーソナリティ　二宮 克美・浮谷 秀一・堀毛 一也・安藤 寿康・藤田 主一・小塩 真司・渡邊 芳之（編）パーソナリティ心理学ハンドブック（pp.362-368）福村出版

小林 亮（2006）. 自尊感情　白井 利明（編）よくわかる青年心理学（pp.32-33）ミネルヴァ書房

髙坂 康雅（2018）. ノードとしての青年期　ナカニシヤ出版

Kuhn, M. H., & McPartland, T. S.（1954）. An empirical investigation of self-attitudes. *American Sociological Review, 19,* 68-76.

Mead. G. H.（1934）. *Mind, self, and society.* Chicago, IL: University of Chicago Press.

　　（ミード, G. H.　河村 望（訳）（1995）. 精神・自我・社会　人間の科学社）

宮沢 秀次（1987）. 青年期の自己受容性の研究　青年心理学研究, *1,* 2-16.

溝上 慎一（2011）. 自己形成を促進させる自己形成モードの研究　青年心理学研究, *23*（2）, 159-173.

溝上 慎一（2014）. 自己意識・自己形成　後藤 宗理・二宮 克美・高木 秀明・大野 久・白井 利明・平石 賢二・佐藤 有耕・若松 養亮（編）新・青年心理学ハンドブック（pp.114-126）福村出版

小此木 啓吾（1981）. 自己愛人間　朝日出版社

谷 冬彦（2006a）. 青年期の自我と自己　白井 利明（編）よくわかる青年心理学（pp.58-59）ミネルヴァ書房

谷 冬彦（2006b）. 理想自己と現実自己　白井 利明（編）よくわかる青年心理学（pp.60-61）ミネルヴァ書房

谷 冬彦（2006c）. 自己受容　白井 利明（編）よくわかる青年心理学（pp.62-63）ミネルヴァ書房

上田 琢哉（2002）. 自己受容と上手なあきらめ　梶田 叡一（編）自己意識研究の現在（pp.189-205）ナカニシヤ出版

山田 ゆかり（1989）. 青年期における自己概念の形成過程に関する研究　心理学研究, *60*（4）, 245-252.

3.2

Erikson, E. H.（1959）. *Identity and the life cycle.* New York: W. W. Norton.

　　（エリクソン, E. H.　西平 直・中島 由恵（訳）（2011）. アイデンティティとライフサイクル　誠信書房）

Erikson, E. H., & Erikson, J. M.（1997）. *The life cycle completed: A review*（Expanded ed.）. New York: W. W. Norton.

（エリクソン，E. H.・エリクソン，J. M. 村瀬 孝雄・近藤 邦夫（訳）（2001）. ライフサイクル，その完結（増補版） みすず書房）

伊藤 美奈子（2012）. アイデンティティ 高橋 惠子・湯川 良三・安藤 寿康・秋山 弘子（編） 発達科学入門 3 青年期～後期高齢期（pp.35-50） 東京大学出版会

髙坂 康雅（2018）. ノードとしての青年期 ナカニシヤ出版

Luyckx, K., Goossens, L., & Soenens, B.（2006）. A developmental contextual perspective on identity construction in emerging adulthood: Change dynamics in commitment formation and commitment evaluation. *Developmental Psychology, 42*（2）, 366-380.

Luyckx, K., Schwartz, S. J., Berzonsky, M. D., Soenens, B.,Vansteenkiste, M., Smits, I., & Goossens, L.（2008）. Capturing ruminative exploration: Extending the four-dimensional model of identity formation in late adolescence. *Journal of Research in Personality, 42*（1）, 58-82.

Marcia, J. E.（1966）. Development and validation of ego-identity status. *Journal of Personality and Social Psychology, 3*（5）, 551-558.

中間 玲子・杉村 和美・畑野 快・溝上 慎一・都筑 学（2014）. 多次元アイデンティティ発達尺度（DIDS）によるアイデンティティ発達の検討と類型化の試み 心理学研究, *85*（6）, 549-559.

小此木 啓吾（1978）. モラトリアム人間の時代 中央公論社

下山 晴彦（1998）. 青年期の発達 下山 晴彦（編）教育心理学 II ——発達と臨床援助の心理学——（pp.183-205） 東京大学出版会

谷 冬彦（2006）. アイデンティティ 白井 利明（編）よくわかる青年心理学（pp.66-67） ミネルヴァ書房

谷 冬彦（2008）. 自我同一性の人格発達心理学 ナカニシヤ出版

4.1

浅野 智彦（2006）. 若者の現在 浅野 智彦（編）検証・若者の変貌——失われた 10 年の後に——（pp.233-260） 勁草書房

Asch, S. E.（1951）. Effects of group pressure upon the modification and distortion of judgments. In H. Guetzkow（Ed.）, *Groups, leadership and men: Research in human relations*（pp.177-190）. Pittsburgh, PA: Carnegie Press.

（アッシュ，S. E. 岡村 二郎（訳）（1969）. 集団圧力が判断の修正とゆがみに及ぼす効果 カートライト，A.・ザンダー，J. H.（編）三隅 二不二・佐々木 薫（編訳）グループ・ダイナミクス I 第 2 版（pp.227-240） 誠信書房）

Bachar, E., Canetti, L., Bonne, O., Kaplan, De-Nour, A., & Shalev, A. Y.（1997）. Pre-adolescent chumship as a buffer against psychopathology in adolescents with weak family support and weak parental bonding. *Child Psychiatry and Human Development, 27*（4）, 209-219.

Back, K. W.（1951）. The exertion of influence through social communication. *Journal of Abnormal and Social Psychology, 46*, 9-23.

Bellak, L.（1970）. *The porcupine dilemma: Reflections on the human condition.* New York: Citadel Press.

（ベラック，L. 小此木 啓吾（訳）（1974）. 山アラシのジレンマ――人間的過疎をどう生きるか―― ダイヤモンド社）

Blos, P.（1962）. *On adolescence: A psychoanalytic interpretation.* New York: Free Press.

Cooley, C. H.（1909）. *Social organization: A study of the larger mind.* New York: Charles Scribner's Sons.

Damon, W.（1983）. *Social and personality development: Infancy through adolescence.* New York: Norton.

（デーモン，W. 山本 多喜司（編訳）（1990）. 社会性と人格の発達心理学　北大路書房）

Erikson, E. H.（1963）. *Childhood and society*（2nd ed.）. New York: Norton.

（エリクソン，E. H. 仁科 弥生（訳）（1980）. 幼児期と社会 2　みすず書房）

Festinger, L., Schachter, S., & Back, K.（1950）. *Social pressures in informal groups: A study of human factors in housing.* New York: Harper & Row.

Freud, S.（1921）. *Massenpsychologie und Ich-Analyse.* Vienna: Gesammelte Schriften.

（フロイト，S. 井村 恒郎（訳）（1970）. 集団心理学と自我の分析　フロイト選集 4　日本教文社）

藤井 恭子（2001）. 青年期の友人関係における山アラシ・ジレンマの分析　教育心理学研究, *49*（2），146-155.

福重 清（2006）. 若者の友人関係はどうなっているのか　浅野 智彦（編）検証・若者の変貌――失われた 10 年の後に――（pp.115-150）　勁草書房

Hall, E. T.（1966）. *The hidden dimension.* Doubleday.

（ホール，E. T. 日高 敏隆・佐藤 信行（訳）（1970）. かくれた次元　みすず書房）

Hersey, P., & Blanchard, K. H.（1977）. *The management of organizational behavior.* Englewood Cliffs, NJ: Prentice Hall.

（ハーシー，P. ・ブランチャード，K. H. 山本 成二・水野 基・成田 攻（訳）（1978）. 入門から応用へ 行動科学の展開――人的資源の活用―― 生産性出版）

樋口 進（2015）. インターネット依存の実態解明と治療法開発に関する研究　宮岡 等（研究代表者）厚生労働科学研究費補助金障害者対策総合研究事業（精神障害分野）様々な依存症の実態把握と回復プログラム策定・推進のための研究　平成 26 年度総括・分担研究報告書（pp.43-88）　厚生労働省

保坂 亨・岡村 達也（1986）. キャンパス・エンカウンター・グループの発達的・治療的意義の検討――ある事例を通して―― 心理臨床学研究, *4*（1），15-26.

池田 謙一・唐沢 穣・工藤 恵理子・村本 由紀子（2010）. 社会心理学　有斐閣

井上 隆二・山下 富美代（2000）. 図解雑学 社会心理学　ナツメ社

伊藤 美奈子（1993）. 個人志向性・社会志向性尺度の作成及び信頼性, 妥当性の検討　心理

学研究，*64*（2），115-122.

金子 俊子（1989）．青年期女子の親子・友人関係における心理的距離の研究　青年心理学研究，*3*，10-19.

厚生労働省（2010）．平成21年度全国家庭児童調査結果概要　厚生労働省　Retrieved from https://www.mhlw.go.jp/stf/houdou/2r9852000001yivt-att/2r9852000001yjcp.pdf（2019年5月2日）

Lippitt, R., & White, R.（1943）. The "social climate" of children's groups. In R. G. Barker, J. Kounin, & H. Wright（Eds.）, *Child behavior and development*（pp.485-508）. New York: McGraw-Hill.

Mannarino, A. P.（1976）. Friendship patterns and altruistic behavior in preadolescent males. *Developmental Psychology, 12*（6）, 555-556.

Mannarino, A. P.（1979）. The relationship between friendship and altruism in pre-adolescent girls. *Psychiatry, 42*（3）, 280-284.

松井 豊（1990）．友人関係の機能　斎藤 耕二・菊池 章夫（編著）社会化の心理学ハンドブック——人間形成と社会と文化——（pp.283-296）　川島書店

Mayo, G. E.（1933）. *The human problems of an industrial civilization.* New York: Macmillan.
（メイヨー，G. E. 村本 栄一（訳）（1967）．産業文明における人間問題——オーソン実験とその展開——　日本能率協会）

明治安田総合研究所（2016）．親子の関係についての意識と実態——親1万人・子ども6千人調査——　明治安田総合研究所　Retrieved from https://www.myri.co.jp/research/report/pdf/myilw_report_2016_02.pdf（2019年6月3日）

Merton, R. K.（1949）. *Social theory and social structure: Toward the codification of theory and research.* New York: Free Press.
（マートン，R. K. 森 東吾・森 好夫・金沢 実・中島 竜太郎（訳）（1961）．社会理論と社会構造　みすず書房）

三隅 二不二（1966）．新しいリーダーシップ——集団指導の行動科学——　ダイヤモンド社

無藤 隆・森 敏昭・遠藤 由美・玉瀬 耕治（2004）．心理学　有斐閣

長尾 博（1997）．前思春期女子の chum 形成が自我発達に及ぼす影響　教育心理学研究，*45*（2），203-212.

西平 直喜（1973）．青年心理学　共立出版

西平 直喜（1990）．成人になること——生育史心理学から——　東京大学出版会

落合 良行・佐藤 有耕（1996）．青年期における友達との付き合いかたの発達的変化　教育心理学研究，*44*（1），55-65.

岡田 努（1995）．現代大学生の友人関係と自己像・友人像に関する考察　教育心理学研究，*43*（4），354-363.

小此木 啓吾（1980）．シゾイド人間——内なる母子関係をさぐる——　朝日出版社

坂本 安・高橋 靖恵（2009）．友人関係における心理的距離のズレと疎外感の関連　青年心理学研究，*21*，69-81.

須藤 春佳 (2003). 前青年期の「chumship 体験」に関する研究——自己感覚との関連を中心に—— 心理臨床学研究, *20* (6), 546-556.

Sullivan, H. S. (1953a). *Conceptions of modern psychiatry*. New York: W. W. Norton.
(サリヴァン, H. S. 中井 久夫・山口 隆 (訳) (1976). 現代精神医学の概念 みすず書房)

Sullivan, H. S. (1953b). *The interpersonal theory of psychiatry*. New York: W. W. Norton.
(サリヴァン, H. S. 中井 久夫・宮崎 隆吉・高木 敬三・鑪 幹八郎 (訳) (1990). 精神医学は対人関係論である みすず書房)

Sumner, W. G. (1907). *Folkways: A study of the sociological importance of usages, manners, customs, mores, and morals*. Boston: Ginn.
(サムナー, W. G. 青柳 清孝・園田 恭一・山本 英治 (訳) (1975). フォークウェイズ 青木書店)

上野 行良・上瀬 由美子・松井 豊・福富 護 (1994). 青年期の交友関係における同調と心理的距離 教育心理学研究, *42* (1), 21-28.

山田 和夫 (1987). 問題のある未熟な学生の親子関係からの研究 (第 2 報)——ふれ合い恐怖 (会食恐怖) の本質と家族研究—— 安田生命社会事業団研究助成論文集, *23* (2), 206-215.

山田 和夫 (1989). 境界例の周辺——サブクリニカルな問題性格群—— 季刊精神療法, *15*, 350-360.

山田 和夫 (2002). 新版「ふれ合い」を恐れる心理——青少年の"攻撃性"の裏側にひそむもの—— 亜紀書房

4.2

Baumrind, D. (1967). Child care practices anteceding three patterns of preschool behavior. *Genetic Psychology Monographs, 75*, 43-88.

ベネッセ教育研究開発センター (2005). 平成 16・17 年度文部科学省委嘱調査「義務教育に関する意識調査」報告書 ベネッセ教育総合研究所

ベネッセ教育研究開発センター (2007). 第 4 回学習指導基本調査報告書——小学校・中学校を対象に—— ベネッセ教育総合研究所

Blos, P. (1962). The second individuation process of adolescence. *The Psychoanalytic Study of the Child, 22*, 162-186.

Bowlby, J. (1973). *Attachment and loss*. Vol.2. Separation. New York: Basic Books.

中央教育審議会 (1996). 21 世紀を展望した我が国の教育の在り方について (第 1 次答申) 文部科学省 Retrieved from https://www.mext.go.jp/b_menu/shingi/chuuou/toushin/960701.htm (2019 年 6 月 10 日)

Engfer, A. (1988). The interrelatedness of marriage and the mother-child relationship. In R. A. Hinde, & J. S. Hinde (Eds.), *Relationships within families: Mutual influences* (pp.104-118). New York: Oxford University Press.

不登校に関する調査研究協力者会議（2003）．今後の不登校への対応の在り方について　文
　　部科学省　Retrieved from http://warp.da.ndl.go.jp/info:ndljp/pid/1283839/www.mext.go.
　　jp/b_menu/public/2003/03041134.htm（2019 年 5 月 2 日）

平石 賢二（2006）．家族と友人　白井 利明（編）よくわかる青年心理学（pp.76-79）　ミネル
　　ヴァ書房

Hollingworth, L. S.（1928）．*The psychology of the adolescent.* New York: Appleton.

Hoffman, J. A.（1984）．Psychological separation of late adolescents from their parents. *Journal
　　of Counseling Psychology, 31*（2）, 170-178

柏木 惠子・若松 素子（1994）．「親となる」ことによる人格発達──生涯発達的視点から親
　　を研究する試み──　発達心理学研究, *5*（1）, 72-83.

加藤 邦子・石井 クンツ 昌子・牧野 カツコ・土谷 みち子（2002）．父親の育児かかわり及び
　　母親の育児不安が 3 歳児の社会性に及ぼす影響──社会的背景の異なる 2 つのコホート
　　比較から──　発達心理学研究, *13*（1）, 30-41.

Lamb, M. E.（Ed.）.（1976）．*The role of father in child development.* New York: Wiley.
　　（ラム，M. E.（編著）久米 稔・服部 広子・小関 賢・三島 正英（訳）（1981）．父親の
　　役割──乳幼児発達とのかかわり──　家政教育社）

Levy, D. M.（1929）．A method of integrating physical and psychiatric examination with special
　　studies of body interest, over-protection, response to growth and sex difference. *American
　　Journal of Psychiatry, 86*, 121-194.

Mahler, M. S., Pine, F., & Bergman, A.（1975）．*The psychological birth of the human infant.* New
　　York: Basic Books.
　　（マーラー，M. S.・パイン，F.・バーグマン，A. 高橋 雅士・織田 正美・浜畑 紀
　　（訳）（1981）．乳幼児の心理的誕生──母子共生と個体化──　黎明書房）

明治安田総合研究所（2016）．親子の関係についての意識と実態──親 1 万人・子ども 6 千
　　人調査──　明治安田総合研究所　Retrieved from https://www.myri.co.jp/research/
　　report/pdf/myilw_report_2016_02.pdf（2019 年 3 月 28 日）

宮本 みち子（2004）．ポスト青年期と親子戦略──大人になる意味と形の変容──　勁草書
　　房

宮本 みち子・岩上 真珠・山田 昌弘（1997）．未婚化社会の親子関係──お金と愛情にみる家
　　族のゆくえ──　有斐閣

文部科学省（編）（2002）．平成 13 年度文部科学白書──21 世紀の教育改革──　財務省出
　　版局

文部科学省（2003）．学校教育に関する意識調査（中間報告）　文部科学省　Retrieved from
　　http://warp.da.ndl.go.jp/info:ndljp/pid/11125733/www.mext.go.jp/b_menu/shingi/
　　chukyo/chukyo3/004/siryo/attach/1388237.htm（2019 年 10 月 18 日）

文部科学省（2008）．初等中等教育分科会（第 61 回）資料 4-3（3）「不登校の児童生徒への
　　支援について」　文部科学省　Retrieved from http://www.mext.go.jp/b_menu/shingi/
　　chukyo/chukyo3/siryo/__icsFiles/afieldfile/2014/08/04/1216985_003.pdf（2019 年 10 月

18日）

文部科学省（2010a）．幼児期の教育と小学校教育の円滑な接続の在り方に関する調査研究協力者会議（第9回）幼少接続報告書　座長試案　文部科学省　Retrieved from https://www.mext.go.jp/b_menu/shingi/chousa/shotou/070/shiryo/attach/1299926.htm（2019年10月18日）

文部科学省（2010b）．平成22年度児童生徒の問題行動等生徒指導上の諸問題に関する調査　文部科学省　Retrieved from　https://www.mext.go.jp/b_menu/houdou/24/02/__icsFiles/afieldfile/2012/02/06/1315950_01.pdf（2019年10月18日）

文部科学省（2010c）．幼児期の教育と小学校教育の接続について　文部科学省　Retrieved from http://www.mext.go.jp/b_menu/shingi/chousa/shotou/070/gijigaiyou/__icsFiles/afieldfile/2010/06/11/1293215_3.pdf（2019年10月18日）

文部科学省（2017）．平成29年度学校基本調査報告書　日経印刷

文部科学省（2018）．平成30年度学校基本調査報告書　日経印刷

文部科学省（2019）．平成30年度児童生徒の問題行動・不登校等生徒指導上の諸問題に関する調査　文部科学省　Retrieved from　https://www.mext.go.jp/component/a_menu/education/detail/__icsFiles/afieldfile/2019/10/25/1412082-30.pdf

村田 孝次（1987）．発達心理学史入門　培風館

西平 直喜（1990）．成人になること――生育史心理学から――　東京大学出版会

信田 さよこ（2003）．母―娘関係――「一卵性母娘の関係」について――　プシコ，*4*（10），20-27.

岡堂 哲雄（1991）．家族心理学講義　金子書房

斎藤 環（2008）．母は娘の人生を支配する――なぜ「母殺し」は難しいのか――　日本放送出版協会

小学館（編）（2014）．日本大百科全書（ニッポニカ）　コトバンク　Retrieved from https://kotobank.jp/word/家庭-45442

小学館国語辞典編集部（編）（2005）．精選版 日本国語大辞典（全3巻）　小学館

Symonds, P. M.（1939）．*The psychology of parent-child relationships.*　New York: Appleton Century.

滝川 一廣（2005）．不登校理解の基礎　臨床心理学，*5*（1），15-21.

戸田 まり（2009）．親子関係研究の視座　教育心理学年報，*48*，173-181.

渡辺 恵子（2004）．母親と娘はなぜ親密か――青年期から成人期にかけて――　柏木 惠子・高橋 惠子（編）（2003）．心理学とジェンダー――学習と研究のために――（pp.31-36）有斐閣

山田 昌弘（1999）．パラサイト・シングルの時代　筑摩書房

米村 千代（2005）．扶養・介護；家族意識・規範　岩上 真珠（編）少子・高齢化社会における成人親子関係のライフコース的研究――20代-50代；1991-2001年――　文部科学省科学研究費補助金研究成果報告書（pp.169-189）　文部科学省

4.3

ベネッセ教育研究開発センター（2005）．平成 16・17 年度文部科学省委嘱調査「義務教育に関する意識調査」報告書　ベネッセ教育総合研究所

ベネッセ教育研究開発センター（2007）．第 4 回学習指導基本調査報告書——小学校・中学校を対象に——　ベネッセ教育総合研究所

中央教育審議会（1996）．21 世紀を展望した我が国の教育の在り方について（第 1 次答申）　文 部 科 学 省　Retrieved from https://www.mext.go.jp/b_menu/shingi/chuuou/toushin/960701.htm（2019 年 9 月 20 日）

不登校問題に関する調査研究協力者会議（2003）．今後の不登校への対応の在り方について　文部科学省　Retrieved from http://warp.da.ndl.go.jp/info:ndljp/pid/1283839/www.mext.go.jp/b_menu/public/2003/03041134.htm（2019 年 9 月 20 日）

文部科学省（2002）．平成 13 年度文部科学白書——21 世紀の教育改革——　財務省出版局

文部科学省（2003）．学校教育に関する意識調査（中間報告）　文部科学省　Retrieved from http://warp.da.ndl.go.jp/info:ndljp/pid/11125733/www.mext.go.jp/b_menu/shingi/chukyo/chukyo3/004/siryo/attach/1388237.htm（2019 年 9 月 20 日）

文部科学省（2008）．初等中等教育分科会（第 61 回）資料 4-3（3）「不登校の児童生徒への支援について」　文部科学省　Retrieved from http://www.mext.go.jp/b_menu/shingi/chukyo/chukyo3/siryo/__icsFiles/afieldfile/2014/08/04/1216985_003.pdf（2019 年 10 月 18 日）

文部科学省（2010a）．幼児期の教育と小学校教育の円滑な接続の在り方に関する調査研究協力者会議（第 9 回）幼少接続報告書　座長試案　文部科学省　Retrieved from http//www.mext.go.jp/b_menu/shingi/chousa/shotou/070/shiryo/attach/1299926.htm（2019 年 10 月 18 日）

文部科学省（2010b）．平成 22 年度児童生徒の問題行動等生徒指導上の諸問題に関する調査　文部科学省　Retrieved from https://www.mext.go.jp/b_menu/houdou/24/02/__icsFiles/afieldfile/2012/02/06/1315950_01.pdf（2019 年 10 月 18 日）

文部科学省（2010c）．幼児期の教育と小学校教育の接続について　文部科学省　Retrieved from http://www.mext.go.jp/b_menu/shingi/chousa/shotou/070/gijigaiyou/__icsFiles/afieldfile/2010/06/11/1293215_3.pdf（2019 年 10 月 18 日）

文部科学省（2017）．平成 29 年度学校基本調査報告書　日経印刷

文部科学省（2018）．平成 30 年度学校基本調査報告書　日経印刷

文部科学省（2019）．平成 30 年度児童生徒の問題行動・不登校等生徒指導上の諸問題に関する調査　文 部 科 学 省　Retrieved from https://www.mext.go.jp/component/a_menu/education/detail/__icsFiles/afieldfile/2019/10/25/1412082-30.pdf

OECD 教育調査団　深代 惇郎（訳）（1976）．日本の教育政策　朝日新聞社

滝川 一廣（2005）．不登校理解の基礎　臨床心理学, 5, 15-21.

4.4

深澤 真紀（2007）．平成男子図鑑——リスペクト男子としらふ男子——　日経 BP 社

原 純輔（2001）．青少年の性行動全国調査の問いかけるもの　日本性教育協会（編）「若者の性」白書——第 5 回 青少年の性行動全国調査報告——（pp.7-22）　小学館

Hendrick, S. S., Hendrick, C., & Adler, N, L.（1988）．Romantic relations: Love, satisfaction, and staying together. *Journal of Personality and Social Psychology, 54*（6）, 980-988.

飛田 操（1991）．青年期の恋愛行動の進展について　福島大学教育学部論集　教育・心理部門, *50*, 43-53.

石川 由香里（2013）．青少年の家庭環境と性行動——家族危機は青少年の性行動を促進するのか——　日本性教育協会（編）「若者の性」白書——第 7 回 青少年の性行動全国調査報告——（pp.63-80）　小学館

人権教育啓発推進センター（2017）．多様な性について考えよう——性志向と性自認——性的少数者に関する人権啓発リーフレット（一般向け）　法務省　Retrieved from http://www.moj.go.jp/content/001249993.pdf（2019 年 5 月 10 日）

国立社会保障・人口問題研究所（2015）．第 15 回出生動向基本調査（結婚と出産に関する全国調査）　国立社会保障・人口問題研究所　Retrieved from http://www.ipss.go.jp/ps-doukou/j/doukou15/doukou15_gaiyo.asp（2019 年 5 月 3 日）

国立社会保障・人口問題研究所（2017）．人口統計資料集　国立社会保障・人口問題研究所　Retrieved from http://www.ipss.go.jp/syoushika/tohkei/Popular/Popular2017.asp?chap=0（2019 年 5 月 3 日）

河野 稠果（2007）．人口学への招待——少子・高齢化はどこまで解明されたか——　中央公論新社

厚生労働省（1997）．人口問題審議会報告　少子化に関する基本的な考え方について　厚生労働省　Retrieved from https://www.mhlw.go.jp/www1/shingi/s1027-1.html（2019 年 5 月 3 日）

厚生労働省（2010）．平成 22 年度人口動態統計特殊報告 出生に関する統計（表 13）　厚生労働省　Retrieved from https://www.e-stat.go.jp/stat-search/file-download?statInfId=000008704735&fileKind=1（2019 年 5 月 3 日）

Lee, J. A.（1977）．A typology of styles of loving. *Personality and Social Psychology Bulletin, 3*（2）, 173-182.

LGBT 法連合会（2015）．性的指向および性自認を理由とするわたしたちが社会で直面する困難のリスト（第 2 版）　LGBT 法連合会　Retrieved from http://lgbtetc.jp/pdf/list_20150830.pdf（2019 年 5 月 10 日）

松井 豊（1990）．青年の恋愛行動の構造　心理学評論, *33*（3）, 355-370.

明治安田総合研究所（2016）．親子の関係についての意識と実態——親 1 万人・子ども 6 千人調査——　明治安田総合研究所　Retrieved from https://www.myri.co.jp/research/report/pdf/myilw_report_2016_02.pdf（2019 年 6 月 3 日）

三木 幹子（2015）．女性と男性の恋愛観・結婚観に関する意識比較（第 2 報）——男性の恋

愛観・結婚観とジェンダー意識との関係—— 広島女学院大学人間生活学部紀要，*2*，1-12.

三木 幹子・植木 由香（2010）．女子大学生と女子高校生の恋愛観・結婚観とジェンダー意識との関係　広島女学院大学論集，*60*，95-109.

森岡 正博（2008）．草食系男子の恋愛学　メディアファクトリー

森岡 正博（2011）．「草食系男子」の現象学的考察　*The Review of Life Studies, 1.*

内閣府（2014）．女性の活躍推進に関する世論調査　内閣府　Retrieved from https://survey.gov-online.go.jp/h26/h26-joseikatsuyaku/index.html（2019 年 10 月 8 日）

内閣府（2017）．平成 29 年版少子化社会対策白書（全体版〈HTML 形式〉）　内閣府　Retrieved from https://www8.cao.go.jp/shoushi/shoushika/whitepaper/measures/w-2017/29webhonpen/index.html（2019 年 10 月 18 日）

日本家族計画協会（2003）．男女の生活と意識に関する研究結果の概要——性に関する知識・意識・行動について—— 日本家族計画協会　Retrieved from http://rhino.med.yamanashi.ac.jp/sukoyaka/pdf/seitisiki.pdf（2019 年 10 月 8 日）

日本性教育協会（編）（2013）．「若者の性」白書——第 7 回 青少年の性行動全国調査報告—— 小学館

宍戸 章子・齋藤 益子・木村 好秀（2007）．わが国の家庭での性教育に関する研究の動向と今後の課題　思春期学，*25*（3），337-349.

総務省統計局（2010）．平成 22 年国勢調査　総務省統計局　Retrieved from https://www.stat.go.jp/data/kokusei/2010/（2019 年 9 月 20 日）

総務省統計局（2015）．平成 25 年国勢調査　総務省統計局　Retrieved from https://www.stat.go.jp/data/kokusei/2015/kekka.html（2019 年 9 月 20 日）

Sternberg, R. J.（1986）．A triangular theory of love. *Psychological Review, 93*（2），119-135.

Swenson, C. H,（1972）．The behavior of love. In H. A. Otto（Ed.），*Love today: A new exploration*（pp.87-101）．New York: Association Press.

高橋 久美子（2003）．親の性意識が性教育に及ぼす影響——父親と母親のセックス観をもとに—— 日本家政学会誌，*54*（1），59-67.

高橋 征仁（2007）．コミュニケーション・メディアと性行動における青少年層の分極化——携帯メールによる親密性の変容—— 日本性教育協会（編）「若者の性」白書——第 6 回 青少年の性行動全国調査報告—— 小学館

高橋 征仁（2010）．社会統計でみる〈草食系男子〉の虚実——欲望の時代からリスクの時代へ—— 現代性教育研究月報，*28*（1），1-7.

渡辺 裕子（2013）．消極化する高校生・大学生の性行動と結婚意識　日本性教育協会（編）「若者の性」白書——第 7 回 青少年の性行動全国調査報告——（pp.81-100）　小学館

World Economic Forum（2014）．*The global gender gap report 2014.* Geneva: World Economic Forum.

4.5

American Psychiatric Association (2013). *Diagnostic and Statistical Manual of Mental Disorders: DSM-5* (5th ed.). VA: American Psychiatric Publication.

　　（アメリカ精神医学会，日本精神神経学会（監修）髙橋 三郎・大野 裕（監訳）(2014). DSM-5 精神疾患の分類と診断の手引　医学書院）

Bruch, H. (1978). *The golden cage: The Enigma of anorexia nervosa*. London: Open Books.

　　（ブルック，H. 岡部 祥平・溝口 純二（訳）(1979). 思春期やせ症の謎――ゴールデンケージ―― 星和書店）

榎本 博明（1997）. 自己開示の心理学的研究　北大路書房

榎本 淳子（1999）. 青年期における友人との活動と友人に対する感情の発達的変化　教育心理学研究, *47*（2）, 180-190.

Folkman, S., & Lazarus, R. S. (1988). *Manual for the ways of coping questionnaire*. Palo Alto, CA: Counseling Psychologist Press.

藤本 学（2018）. 大学生が親密な対人関係に求める機能――親子関係・恋愛関係・友だち関係からの包括的アプローチ―― 立命館人間科学研究, *37*, 47-62.

福岡 欣治・橋本 宰（1995）. 大学生における家族および友人についての知覚されたサポートと精神的健康の関係　教育心理学研究, *43*（2）, 185-193.

広沢 俊宗（2011）. 孤独感に関する心理学的研究（1）――課題と展望―― 関西国際大学研究紀要, *12*, 145-152.

Homans, G. C. (1950). *The human group*. New York: Harcourt, Brace and World.

Jourard, S. M. (1959). Healthy personality and self-disclosure. *Mental Hygiene, 43*（4）, 499-507.

Jourard, S. M. (1971). *The transparent self* (Revised ed.). New York: Van Nostrand.

　　（ジュラード，S. M. 岡堂 哲雄（訳）(1974). 透明なる自己　誠信書房）

笠原 嘉（1977）. 青年期――精神病理学から―― 中央公論社

勝倉 孝治・坂野 雄二・杉江 征・嶋田 洋徳・木澤 弘・神村 栄一・石隈 利紀（1996）. 不登校やいじめの問題を学校ストレスという観点から考える　日本教育心理学会総会発表論文集, *38*, s80-81.

Kelley, H. H., & Thibaut, J. W. (1978). *Interpersonal relations: A theory of interdependence*. New York: Wiley.

Kroger, J., & Green, K. E. (1996). Events associated with identity status change. *Journal of Adolescence, 19*（5）, 477-490.

Lazarus, R. S., & Folkman, S. (1984). *Stress, appraisal, and coping*. New York: Springer.

　　（ラザルス，R. S.・フォルクマン，S. 本明 寛・春木 豊・織田 正美（監訳）(1991). ストレスの心理学――認知的評価と対処の研究―― 実務教育出版）

Leary, M. R., Tambor, E. S., Terdal, S. K., & Downs, D. L. (1995). Self-esteem as an interpersonal monitor: The sociometer hypothesis. *Journal of Personality and Social Psychology, 68*（3）, 518-530.

Lewin, K.（1951）．*Field theory and social science: Selected theoretical papers.* New York: Harper.
　　（レヴィン，K．猪股 佐登留（訳）（1956）．社会科学における場の理論　誠信書房）

Luyckx, K., Lens, W., Smits, I., & Goossens, L.（2010）．Time perspective and identity formation: Short-term longitudinal dynamics in college students. *International Journal of Behavioral Development, 34*（3），238-247.

丸山 利弥・今川 民雄（2002）．自己開示によるストレス反応低減効果の検討　対人社会心理学研究，*2*，83-91.

三島 浩路（2003）．親しい友人間にみられる小学生の「いじめ」に関する研究　社会心理学研究，*19*（1），41-50.

三島 浩路（2008）．小学校高学年で親しい友人から受けた「いじめ」の長期的な影響——高校生を対象にした調査結果から——　実験社会心理学研究，*47*（2），91-104.

宮下 一博（1995）．青年期の同世代関係　落合 良行・楠見 孝（編）講座生涯発達心理学　第4巻　自己への問い直し——青年期——（pp.155-184）　金子書房

溝上 慎一・中間 玲子・畑野 快（2016）．青年期における自己形成活動が時間的展望を介してアイデンティティ形成へ及ぼす影響　発達心理学研究，*27*，148-157.

長根 光男（1991）．学校生活における児童の心理ストレスの分析——小学4，5，6年生を対象にして——　教育心理学研究，*39*（2），182-185.

西平 直喜（1973）．青年心理学　共立出版

落合 良行（1983）．孤独感の類型判別尺度（LSO）の作成　教育心理学研究，*31*（4），60-64.

落合 良行（1993）．大学生における生活感情の分析　筑波心理学研究，*15*，177-183.

落合 良行（1999）．孤独な心——淋しい孤独感から明るい孤独感へ——　サイエンス社

岡田 努（1993a）．現代の大学生における「内省および友人関係のあり方」と「対人恐怖的心性」との関係　発達心理学研究，*4*（2），162-170.

岡田 努（1993b）．現代青年の友人関係に関する考察　青年心理学研究，*5*，43-55.

岡田 努（1995）．現代大学生の友人関係と自己像・友人像に関する考察　教育心理学研究，*43*（4），354-363.

岡田 努（2002）．現代大学生の「ふれ合い恐怖的心性」と友人関係の関連についての考察　性格心理学研究，*10*（2），69-84.

岡田 努（2007）．大学生における友人関係の類型と，適応及び自己の諸側面の発達の関連について　パーソナリティ研究，*15*（2），135-148.

岡安 孝弘・嶋田 洋徳・坂野 雄二（1992）．中学生用ストレス反応尺度の作成の試み　早稲田大学人間科学研究，*5*（1），23-29.

Peplau, L. A., & Perlman, D.（Eds.）．（1982）．*Loneliness: A sourcebook of current theory, research, and therapy.* New York: Wiley.
　　（ペプロー，L. A. 加藤 義明（監訳）（1988）．孤独感の心理学　誠信書房）

Selye, H.（1936）．A syndrome produced by diverse nocuous agents. *Nature, 138*, 32.

下坂 幸三（1999）．拒食と過食の心理——治療者のまなざし——　岩波書店

白井 利明（1997）．時間的展望の生涯発達心理学　勁草書房

白井 利明（2013）．青年期　無藤 隆・子安 増生（編）発達心理学Ⅱ（pp.1-40）　東京大学出版会

Shirai, T., Nakamura, T., & Katsumata, K.（2012）．Time orientation and identity formation: Long-term longitudinal dynamics in emerging adulthood. *Japanese Psychological Research*, *54*（3）, 274-284.

Spranger, E.（1924）．*Psychologie Des Jugendalters*. Leipzig: Quelle & Mayer.
　　（シュプランガー，E．土井 竹治（訳）（1957）．青年の心理　刀江書院）

高橋 一公（2019）．青年期以降のメンタルヘルスと精神保健　高橋 一公・中川 佳子（編著）発達心理学 15 講（pp.140-149）　北大路書房

内田 千代子（2008）．大学における休・退学，留年学生に関する調査（第 28 報）──平成 19 年度学生支援合同フォーラム 第 29 回全国大学メンタルヘルス研究会報告書 Quality of Campus Life の向上を目指して──　全国大学メンタルヘルス研究会報告書：学生支援合同フォーラム，*29*，86-108.

内山 登紀夫（2017a）．成人 ADHD の診断──ASD との合併と鑑別に着目して──　精神医学，*59*（3），217-222.

内山 登紀夫（2017b）．発達障害の不適応，対応困難ケースの発生予防と危機介入について　日本社会精神医学会雑誌，*26*（1），42-47.

和田 実（1993）．同性友人関係──その性および性役割タイプによる差異──　社会心理学研究，*8*（2），23-31.

山田 和夫（1987）．問題のある未熟な学生の親子関係からの研究（第 2 報）──ふれ合い恐怖（会食恐怖）の本質と家族研究──　安田生命社会事業団研究助成論文集，*23*（1），206-215.

山田 和夫（1989）．境界例の周辺──サブクリニカルな問題性格群──　季刊精神療法，*15*，350-360.

吉原 寛・藤生 英行（2005）．友人関係のあり方と学校ストレッサー，ストレス反応との関係　カウンセリング研究，*38*（2），128-140.

4.6
ベネッセ教育総合研究所（2014）．中高生の ICT 利用実態調査 2014 報告書　ベネッセ教育総合研究所　Retrieved from https://berd.benesse.jp/up_images/research/ict_2014-all.pdf

樋口 進（2015）．インターネット依存の実態解明と治療法開発に関する研究　宮岡 等（研究代表者）様々な依存症の実態把握と回復プログラム策定・推進のための研究──平成 25 年度総括・分担研究報告書：厚生労働科学研究費補助金障害者対策総合研究事業（精神障害分野）──　厚生労働省

春日 伸予（2011）．IT 化とストレス　日本労働研究雑誌，*609*，34-37.

松村 祥子（2014）．子どもの生活時間に関する調査研究［報告書概要］　こども未来財団

宮木 由貴子（2013）．若年層の友人関係意識──通信環境の変化と友人関係で変わったもの・

変わらないもの―― *Life design report, 205*, 4-15.

明治安田総合研究所（2016）．親子の関係についての意識と実態――親1万人・子ども6千人調査―― 明治安田総合研究所 Retrieved from https://www.myri.co.jp/research/report/pdf/myilw_report_2016_02.pdf（2019年6月3日）

文部科学省（2017）．平成29年度学校基本調査報告書 日経印刷

小此木啓吾（1978）．モラトリアム人間の時代 中央公論社

Prensky, M.（2006）．*Don't bother me mom: I'm learning!* St Paul, Minnesota: Paragon House.
（プレンスキー，M. 藤本 徹（訳）（2007）．テレビゲーム教育論――ママ！ジャマしないでよ勉強してるんだから―― 東京電機大学出版局）

総務省（2011）．情報通信に関する現状報告（平成23年版情報通信白書） 総務省

5.1

安達智子（2004）．大学生のキャリア選択――その心理的背景と支援―― 日本労働研究雑誌, *533*, 27-37.

Holland, J. L.（1997）．*Making vocational choices: A theory of vocational personalities and work environments*（3rd ed.）. Washington, DC: Psychological Assessment Resources.
（ホランド，J. L. 渡辺三枝子・松本純平・道谷里英（訳）（2013）．ホランドの職業選択理論――パーソナリティと働く環境―― 雇用問題研究会）

Holland, J. L., & Holland, J. E.（1977）．Vocational indecision: More evidence and speculation. *Journal of Counseling Psychology, 24*（5）, 404-414.

笠原嘉（1977）．青年期――精神病理学から―― 中央公論社

厚生労働省（2013a）．仕事に関する意識 平成25年版厚生労働白書――若者の意識を探る――（pp.124-168） 厚生労働省 Retrieved from https://www.mhlw.go.jp/wp/hakusyo/kousei/13/dl/1-02-4.pdf（2019年10月18日）

厚生労働省（2013b）．新規学卒者の離職状況（平成22年3月卒業者の状況） 厚生労働省 Retrieved from https://www.mhlw.go.jp/seisakunitsuite/bunya/koyou_roudou/koyou/roudou_report/dl/20131029_03.pdf（2019年10月23日）

Krumholtz, J. D., & Levin, A. S.（2004）．*Luck is no accident: Making the most of happenstance in your life and career.* Oakland: Impact.
（クランボルツ，J. D.・レヴィン，A. S. 花田光世・大木紀子・宮地夕紀子（訳）（2005）．その幸運は偶然ではないんです！ ダイヤモンド社）

文部科学省（2011）．キャリア教育と職業教育 高等学校キャリア教育の手引き 文部科学省 Retrieved from https://www.mext.go.jp/component/a_menu/education/micro-detail/__icsFiles/afieldfile/2011/11/04/12817-06.pdf

文部科学省（2018）．キャリア教育の推進 文部科学省 Retrieved from http://www.mext.go.jp/apollon/mod/pdf/mext_propulsion_20180223.pdf（2019年10月18日）

内閣府（2012）．若者の考え方についての調査報告書 内閣府 Retrieved from https://www8.cao.go.jp/youth/kenkyu/thinking/h23/pdf/gaiyo.pdf（2019年11月20日）

内閣府（2015）．平成 26 年版子ども・若者白書　内閣府　Retrieved from https://www8.cao.
　　go.jp/youth/whitepaper/h26honpen/pdf/b1_04_02.pdf（2019 年 10 月 3 日）

内閣府（2017）．就労等に関する若者の意識　内閣府　Retrieved from https://www8.cao.
　　go.jp/youth/whitepaper/h30honpen/s0_0.html（2019 年 10 月 23 日）

内閣府（2018）．子供・若者の現状と意識に関する調査（平成 29 年度）　内閣府　Retrieved
　　from https://www8.cao.go.jp/youth/kenkyu/ishiki/h29/pdf/s2-2.pdf（2019 年 10 月 18 日）

日本労働研究機構（2000）．フリーターの意識と実態──97 人へのヒヤリング結果より──
　　日本労働研究機構調査報告書　No.136.

日本生産性本部・日本経済青年協議会（2018）．平成 30 年度 新入社員「働くことの意識」調
　　査結果　日本生産性本部　Retrieved from https://activity.jpc-net.jp/detail/mcd/activity
　　001538/attached.pdf（2019 年 10 月 23 日）

大久保幸夫（2002）．新卒無業。──なぜ, 彼らは就職しないのか──　東洋経済新報社

労働政策研究・研修機構（2003）．第 1 回勤労生活に関する調査（1999 年）──勤労意識と
　　失業──日本労働研究機構　Retrieved from https://www.jil.go.jp/institute/siryo/docu
　　ments/139g.pdf（2019 年 9 月 10 日）

労働政策研究・研修機構（2012）．大都市の若者の就業行動と意識の展開──「第 3 回　若
　　者のワークスタイル調査」から──　労働政策研究・研修機構

労働政策研究・研修機構（2013）．第 6 回勤労生活に関する調査（2011 年）　労働政策研究・
　　研修機構　Retrieved from https://www.jil.go.jp/kokunai/reports/documents/report001.
　　pdf（2019 年 9 月 10 日）

Savickas, M. L.（2011）. *Career counseling*. Washington, DC: American Psychological
　　Association.
　　（サビカス, M. L. 日本キャリア開発研究センター（監修）乙須 敏紀（訳）（2015）．サ
　　ビカス キャリア・カウンセリング理論　福村出版）

Sears, S.（1982）. A definition of career guidance terms: A national vocational guidance
　　association perspective. *Vocational Guidance Quarterly, 31*（2）, 137-143.

下村 英雄（2002）．フリーターの職業意識とその形成過程──「やりたいこと」志向の虚実
　　──　小杉 礼子（編）（2002）．自由の代償／フリーター──現代若者の就業意識と行動
　　──（pp.75-99）　日本労働研究機構

下山 晴彦（1996）．スチューデント・アパシー研究の展望　教育心理学研究, *44*（3）,
　　350-363.

総務省統計局（2013）．平成 24 年就業構造基本調査　総務省統計局　Retrieved from https://
　　www.stat.go.jp/data/shugyou/2012/index.html（2019 年 9 月 18 日）

総務省統計局（2014）．労働力調査（基本集計）平成 25 年（2013 年）平均（速報）結果の要
　　約　総務省統計局　Retrieved from https://www.stat.go.jp/data/roudou/rireki/nen/ft/
　　pdf/2013.pdf（2019 年 9 月 18 日）

Super, D. E., & Bohn, M. J. Jr.,（1970）. *Occupational psychology.* Belmont: Wadsworth.
　　（スーパー, D. E.・ボーン, M. J. 藤本 喜八・大沢 武志（訳）（1973）．職業の心理

ダイヤモンド社）

Super, D. E., Crites, J. O., Hummel, R. C., Moser, H. P., Overstreet, P. L., & Warnath, C. F. (1957). *Vocational development: A framework for research.* New York: Teachers College Press.

渡辺 三枝子（編著）（2007）．新版キャリア心理学――キャリア支援への発達的アプローチ―― ナカニシヤ出版

5.2

明るい選挙推進協会（2018）．第 48 回衆議院議員総選挙全国意識調査――調査結果の概要―― 明るい選挙推進協会

Burnett, J. A., Long, L. L., & Horne, H. (2005). Service learning for counselors: Integrating education, training and the community. *The Journal of Humanistic Counseling, Education, and Development, 44* (2), 158-166.

Dockery, D. J. (2010). *A guide to incorporating service learning into counselor education.* San Diego, CA: ACES Conference.

Gilligan, C. (1982). *In a different voice: Psychological theory and women's development.* Cambridge, MA: Harvard University Press.
（ギリガン，C. 岩男 寿美子（監訳）生田 久美子・並木 美智子（訳）（1986）．もうひとつの声――男女の道徳観のちがいと女性のアイデンティティ―― 川島書店）

平田 陽子（2010）．青年期における「自立」と生きがい感――心理的自立と対人欲求の視点から―― 九州大学心理学研究，*11*，177-184.

久留 一郎（2003）．発達心理臨床学――病み，悩み，障害をもつ人間への臨床援助的接近―― 北大路書房

堀内 安男・竹内 登規夫・坂柳 恒夫（1983）．中学生・高校生の生きがいに関する調査研究 進路指導研究，*4*，16-24.

伊藤 美奈子（1993）．個人志向性・社会志向性に関する発達的研究 教育心理学研究，*41* (3), 293-301.

神谷 美恵子（1966）．生きがいについて みすず書房

Kim, H., & Markus, H, R. (1999). Deviance or uniqueness, harmony or conformity? A cultural analysis. *Journal of Personality and Social Psychology, 77* (4), 785-800.

北山 忍（1998）．自己と感情――文化心理学による問いかけ―― 共立出版

国際化と政治参加に関する研究プロジェクト（2018）．国際化と市民の政治参加に関する世論調査 2017 調査報告書（速報：WEB 版） 国際化と政治参加に関する研究プロジェクト Retrieved from http://www.waseda.jp/prj-ipa/Report180327.pdf（2013 年 10 月 30 日）

Markus, H. R., & Kitayama, S. (1991). Cultural and the self: Implication for cognition, emotion, and motivation. *Psychological Review, 98* (2), 224-253.

Maslow, A. H. (1954). *Motivation and personality.* New York: Harper and Row.

内閣府（2014）．平成 25 年度 我が国と諸外国の若者の意識に関する調査 内閣府 Retrieved from https://www8.cao.go.jp/youth/kenkyu/thinking/h25/pdf_index.html（2019 年 9 月

3 日）

内閣府（2019）．社会意識に関する世論調査　内閣府　Retrieved from https://survey.gov-on
line.go.jp/h30/h30-shakai/index.html（2019 年 9 月 3 日）

日本学生支援機構（2006）．学生ボランティア活動に関する調査報告書（平成 17 年度）　日
本学生支援機構

岡村 一成・駒崎 勉・大村 政男・花沢 成一（1974）．青年の社会参加と生きがいに関する研
究　日本教育心理学会第 16 回総会発表論文集，310-311.

佐藤 文子・田中 弘子（1971）．「生きがい」の心理学的研究の試み I　日本心理学会第 35 回
大会発表論文集，509-512.

総務省（2018）．主権者教育等に関する調査の概要　総務省　Retrieved from https://www.
soumu.go.jp/main_content/000643892.pdf（2019 年 10 月 18 日）

田部井 恵美子・武井 洋子・田村 喜代・二宮 喜美恵・松浦 久美子・吉中 哲子（1982）．現代
青年の家庭生活観（高校生期を中心として）（第 2 報）——役割分担と生きがい——
日本家庭科教育学会誌，*25*（2），7-12.

Uchida, Y., Kitayama, S., Mesquita, B., Reyes, J. A. S., & Morling, B.（2008）．Is perceived
emotional support beneficial? Well-being and health in independent and interdependent
cultures. *Personality and Social Psychology Bulletin, 34*（6），741-754.

5.3

有田 秀穂（2004）．キレる脳——セロトニン神経からの考察——　小児科臨床，*57*（増刊），
1265-1272.

ビッグイシュー・オンライン編集部（2015）．「自立できない若者」が増えた理由を読み解く
——なぜ今「若者政策」が必要なのか——（2015/03/23 版）　ビッグイシュー・ジャパ
ン　Retrieved from bigissue-online.jp/archives/1022130533.html#more（2019 年 5 月 10
日）

Davids, A.（1955）．Alienation, social apperception, and ego structure. *Journal of Consulting
Psychology, 19*（1），21-27.

藤本 哲也（2010）．「非行原因に関する総合的研究調査」に関する一考察　内閣府政策統括官
（共生社会政策担当）（編）第 4 回非行原因に関する総合的研究調査（pp.309-313）　内閣
府　Retrieved from https://www8.cao.go.jp/youth/kenkyu/hikou4/pdf_index.htm（2019
年 8 月 11 日）

藤岡 淳子（2001）．非行少年の加害と被害——非行心理臨床の現場から——　誠信書房

藤田 宗和（1999）．最近の非行少年の性格特徴及び規範意識について　総務庁青少年対策本
部（編）非行原因に関する総合的研究調査（第 3 回）（pp.267-282）　内閣府　Retrieved
from https://www8.cao.go.jp/youth/kenkyu/hikou3/pdf/0-1.html（2019 年 8 月 11 日）

福島 章（1985）．非行心理学入門　中公新書

星野 周弘（1999）．非行の家庭的要因　総務省青少年対策本部（編）非行原因に関する総合
的研究調査（第 3 回）（pp.200-213）　総務庁

細江 達郎（2001）．図解雑学　犯罪心理学　ナツメ社

法務省法務総合研究所（編）（2000）．平成12年版 犯罪白書——経済犯罪の現状と対策——
　　大蔵省印刷局

井上 信子（1987）．小・中学生における優越・劣等意識——自由記述法による検討——　相
　　談学研究，*19*（2），108-113.

石川 義博（1985）．非行の病理と治療　金剛出版

子供の貧困対策に関する有識者会議（2016）．第1回議事要旨　内閣府　Retrieved from
　　https://www8.cao.go.jp/kodomonohinkon/yuushikisya/k_1/pdf/gijiroku.pdf（2019年10
　　月3日）

髙坂 康雅（2008）．自己の重要領域からみた青年期における劣等感の発達的変化　教育心理
　　学研究，*56*（2），218-229.

小関 慶太（2018）．少年法適用年齢の引き下げの一考察（2）——国法上の統一の可否性——
　　八洲学園大学紀要，*14*，15-30.

松村 明（監修）（2019）．デジタル大辞泉　コトバンク　Retrieved from https://kotobank.jp/
　　dictionary/daijisen/（2019年9月10日）

宮本 みち子（2013）．子どもの貧困を防止する（NHK総合「視点・論点」2013年6月25日
　　放送）　日本放送協会

宮下 一博・小林 利宣（1981）．青年期における「疎外感」の発達と適応の関係　教育心理学
　　研究，*29*（4），297-305.

水島 恵一（1987）．非行・社会心理学　人間性心理学体系　第8巻　大日本図書

森 武夫（1985）．現代型非行　馬場 健一・福島 章・小川 捷之・山中 康裕（編）　攻撃性の深
　　層　日本人の深層分析4（pp.89-126）　有斐閣

森口 佑介（2012）．わたしを律するわたし——子どもの抑制機能の発達——　京都大学学術
　　出版会

守屋 克彦（1998）．現代の非行と少年審判　勁草書房

村山 士郎（2000）．なぜ「よい子」が暴発するか　大月書店

内閣府（2015）．「諸外国における子供の貧困対策に関する調査研究」報告書　内閣府
　　Retrieved from https://www8.cao.go.jp/kodomonohinkon/chousa/h27_gaikoku/index.
　　html（2019年9月10日）

内閣府（編）（2001）．平成13年度版青少年白書——21世紀を迎えての青少年健全育成の新
　　たな取組——　財務省印刷局

内閣府政策統括官（共生社会政策担当）（編）（2010）．第4回 非行原因に関する総合的研究
　　調査　内閣府　Retrieved from https://www8.cao.go.jp/youth/kenkyu/hikou4/pdf_index.
　　htm（2019年8月11日）

内閣官房社会的包摂推進室（2011）．社会的排除にいたるプロセス——若者ケース・スタディ
　　から見る排除の過程——　内閣官房社会的包摂推進室・内閣府政策統括官（経済社会シ
　　ステム担当）

成田 奈緒子（2006）．脳の進化で子どもが育つ——古い脳と新しい脳の機能をよく知って

　　―― 芽ばえ社

NPO 法人全国こども食堂支援センター・むすびえ（2018）．全国箇所数調査 2018 年版　　NPO 法人全国こども食堂支援センター・むすびえ　Retrieved from https://musubie.org/wp/wp-content/uploads/2019/05/survey2018.pdf（2019 年 9 月 10 日）

NPO 法人全国こども食堂支援センター・むすびえ（2019）．全国箇所数調査 2019 年版 NPO 法人全国こども食堂支援センター・むすびえ　Retrieved from https://musubie.org/wp/wp-content/uploads/2019/06/190626%E7%AC%AC%E4%B8%80%E9%83%A8%EF%BC%9A%E3%83%9B%E3%82%9A%E3%82%A4%E3%83%B3%E3%83%88-1.pdf（2019 年 9 月 10 日）

大沢 博（2009）．心の病と低血糖症――危ない！ 砂糖のとりすぎと米ばなれ――　第三文明社

Rode, A.（1971）．Perceptions of parental behavior among alienated adolescents. *Adolescence, 6* (21), 19-38.

Schubert, D. S., & Wagner, M. E.（1975）．A subcultural changes of MMPI norms in the 1960s due to adolescent role confusion and glamorization of alienation. *Journal of Abnormal Psychology, 84* (4), 406-411.

清水 新二（2000）．家族問題――危機と存続――　ミネルヴァ書房

総務庁青少年対策本部（2000）．平成 11 年度 青少年の暴力観と非行に関する研究調査　内閣府　Retrieved from https://www8.cao.go.jp/youth/kenkyu/hikoug/pdf/0-1.html（2019 年 8 月 10 日）

総務庁青少年対策本部（編）（1999）．非行原因に関する総合的研究調査（第 3 回）　内閣府　Retrieved from https://www8.cao.go.jp/youth/kenkyu/hikou3/pdf/0-1.html（2019 年 8 月 10 日）

田川 二照（1999）．非行　中島 義明・安藤 清志・子安 増生・坂野 雄二・繁桝 算男・立花 政夫・箱田 裕司（編）心理学事典（pp.716-717）　有斐閣

田島 信元（1999）．親子関係　中島 義明・安藤 清志・子安 増生・坂野 雄二・繁桝 算男・立花 政夫・箱田 裕司（編）心理学事典（p.87）　有斐閣

高田 利武（1992）．他者と比べる自分　サイエンス社

滝沢 龍・笠井 清登・福田 正人（2012）．ヒト前頭前野の発達と進化　日本生物学的精神医学会誌, *23* (1), 41-46.

富岡 賢治（研究代表者）（2002）．「突発性攻撃的行動および衝動」を示す子どもの発達過程に関する研究――「キレる」子どもの成育歴に関する研究――　国立教育政策研究所

碓井 真史（2008）．誰でもいいから殺したかった！ ――追い詰められた青少年の心理――　ベストセラーズ

渡辺 弥生（1999）．社会的学習　中島 義明・安藤 清志・子安 増生・坂野 雄二・繁桝 算男・立花 政夫・箱田 裕司（編）心理学事典（p.368）　有斐閣

Wolfe, R. N.（1976）．Trust, anomia, and locus of control: Alienation in U. S. college students in 1964, 1969, and 1974. *The Journal of Social Psychology, 100* (1), 151-152.

人 名 索 引

事項索引

執筆者紹介

【編者略歴】

髙橋　一公（第 1 章執筆）
<small>たかはし　いっこう</small>

1986 年　立正大学文学部卒業

1989 年　明星大学大学院人文学研究科修了

現　　在　東京未来大学モチベーション行動科学部教授

主要編著書

『発達心理学 15 講』（共編著）（北大路書房，2019）

『社会調査の基礎　第 4 版（社会福祉士シリーズ 5)』（分担執筆）（弘文堂，2019）

『系統看護学講座　心理学　第 6 版』（共著）（医学書院，2017）

『家族の関わりから考える生涯発達心理学』（分担執筆）（北大路書房，2006）

【執筆者略歴】

小橋　眞理子 (第 1，2，3 章)

2010 年　立正大学心理学部臨床心理学科卒業
2012 年　立正大学大学院心理学研究科応用心理学専攻修士課程修了
2016 年　立正大学大学院心理学研究科心理学専攻博士後期課程満期退学
現　在　東京未来大学非常勤講師　茅ヶ崎看護専門学校非常勤講師

主 要 論 文

「日本語版 Dickman Impulsivity Inventory の作成」(共著) (立正大学心理学研究年報，
　2017)
「改訂日本語版 BIS-11 の作成——信頼性と妥当性の検討」(共著) (立正大学心理学研
　究年報，2013)

池田　和嘉子 (第 4，5 章)

2008 年　立正大学大学院心理学研究科応用心理学専攻修士課程修了
2012 年　立正大学大学院心理学研究科心理学専攻博士後期課程満期退学
現　在　身延山保育園副園長　東京未来大学非常勤講師　東京こども専門学校非常
　勤講師

主要著書・論文

『発達心理学 15 講』(分担執筆) (北大路書房，2019)
「母親のライフスタイル選択に関わる要因と子育て期の葛藤，子育て負担感について
　の検討」(立正大学心理学研究年報，2013)

現代に活きる心理学ライブラリ
：困難を希望に変える心理学＝Ⅱ-3

青年心理学

2020 年 4 月 25 日 ©　　　　　初 版 発 行

編 者　髙 橋 一 公　　　発行者　森 平 敏 孝
　　　　　　　　　　　　印刷者　中 澤 　 眞
　　　　　　　　　　　　製本者　米 良 孝 司

発行所　　株式会社 サイエンス社

〒151-0051　東京都渋谷区千駄ヶ谷 1 丁目 3 番 25 号
営業 TEL　(03) 5474-8500 (代)　　振替 00170-7-2387
編集 TEL　(03) 5474-8700 (代)
FAX　　　 (03) 5474-8900

組版　ケイ・アイ・エス
印刷　㈱シナノ　　　　製本　ブックアート
《検印省略》

ISBN978-4-7819-1474-9

PRINTED IN JAPAN

サイエンス社のホームページのご案内
https://www.saiensu.co.jp
ご意見・ご要望は
jinbun@saiensu.co.jp　まで.